성령님은 나의 애인이다. 내가 하루 종일 가장 많이 하는말은 "성령님, 사랑합니다"이다.

성령님,
사랑합니다

김열방 김사라 박미혜
이숙경 정은하 지음

날개미디어

당신은 성령님을 사랑하십니까?

당신은 성령님을 사랑하십니까?

나는 성령님을 많이 사랑합니다. 내 안에 강물처럼 가득히 들어와 계신 성령님은 나의 주인이시며 나의 애인이자 친구가 되십니다.

나는 아침에 눈을 뜨면 성령님께 인사를 드립니다.

"성령님, 안녕하세요? 오늘도 참으로 좋은 날입니다. 성령님, 사랑합니다. 많이 사랑합니다. 성령님은 나의 전부이십니다."

그리고 내 앞에 계신 성령님께 행복하다는 고백을 합니다.

"성령님, 행복합니다. 한없이 행복합니다."

그렇습니다. 성령님 때문에 내 마음은 한없이 행복합니다.

성령님은 비참한 내 인생을 비옥하게 바꾸셨습니다.

성령님은 죄와 목마름, 병과 가난, 어리석음과 징계와 죽음 가운데 있던 비참한 내 인생을 하나님의 자녀로 거듭나게 하셨습니다.

그로 인해 나는 의와 성령 충만, 건강과 부요함, 지혜와 평화와 생명이 가득한 비옥한 인생이 되었습니다. 내 안에 천국이 가득합니다. 나는 만나는 사람들에게 이렇게 말합니다.

"한없이 행복합니다. 천국같이 살다가 천국으로 갑시다."

나는 성령님 때문에 행복한 사람 곧 '시냇가에 심은 나무'가 되었습니다. 성령님과 함께하는 내 인생은 저절로 잘 되고 있습니다.

다윗은 행복한 자신의 인생에 대해 이렇게 말했습니다.

"복 있는 사람은 악인들의 꾀를 따르지 아니하며 죄인들의 길에 서지 아니하며 오만한 자들의 자리에 앉지 아니하고 오직 여호와의 율법을 즐거워하여 그의 율법을 주야로 묵상하는도다. 그는 시냇가에 심은 나무가 철을 따라 열매를 맺으며 그 잎사귀가 마르지 아니함 같으니 그가 하는 모든 일이 다 형통하리로다."(시 1:1~3)

구체적으로 어떤 사람이 행복한 사람일까요?

첫째, 믿음으로 말미암아 의로워진 사람은 행복합니다.

"복 있는 사람은"이라는 말은 많은 행위를 통해 복을 받았다는 의미가 아닌 믿음으로 말미암아 의로워졌기 때문에 행복한 사람이 되었다는 의미입니다. 우리는 예수 그리스도를 믿음으로 말미암아 의로워졌습니다. 이처럼 일한 것이 없이, 값을 지불하지 않고, 애쓰지 않고 오지 믿음으로 의롭다고 인정받은 사람은 행복한 사람입니다. "일한 것이 없이 하나님께 의로 여기심을 받는 사람은 행복하다"(롬 4:6)고 다윗이 말했습니다. 당신도 예수를 구주로 믿으십시오. 그러면 모든 죄를 사함 받고 의로워지고 행복해질 것입니다.

"단순히 예수를 믿기만 하면 의로워진다고요? 그건 공짜 구원, 값싼 구원이 아닌가요? 우리가 평생 많은 구제와 선행, 끝없는 고행과 도를 닦는 행위를 통해 값을 지불해야 귀한 구원이 아닌가요?"

아닙니다. 하나님의 아들 예수 그리스도가 십자가에 매달려 피와 땀과 눈물을 흘리며 억만금보다 비싼 값을 다 지불한 구원입니다.

선물은 주는 사람이 값을 지불하는 것입니다. 하나님이 억만금의 값을 지불하고 의를 선물로 주셨습니다. 이 얼마나 감사합니까?

둘째, 행복한 사람은 이미 행복하기 때문에 일합니다.

나는 행복해지기 위해 일하지 않고 행복하기 때문에 일합니다.

부요해지기 위해 일하지 않고 부요하기 때문에 일합니다. 이러한 행복과 부요는 하나님이 거저 주신 은혜입니다. 당신도 생각을 바꾸십시오. 행복해지기 위해, 부자가 되기 위해, 성공하기 위해 애쓰지 마십시오. 하나님의 나라는 이미 당신 안에 들어와 있습니다.

행복한 사람은 이미 행복하기 때문에 악인들의 꾀를 따르지 않고 죄인들의 길에 서지 않고 오만한 자들의 자리에 앉지 않고 오직 여호와의 율법을 즐거워하여 그의 율법을 주야로 묵상합니다.

셋째, 행복한 사람은 하나님이 주신 것에 만족합니다.

인간의 탐심은 끝이 없습니다. 탐심의 반대말은 무소유가 아닌 만족입니다. 예수님은 "삼가 모든 탐심을 물리치라. 사람의 생명이 그 소유의 넉넉한 데 있지 아니하니라"(눅 12:15)고 하셨습니다. 하나님이 뭔가를 주셨으면 비록 작은 것이라도 소중히 여기며 잘 간직하고 그것에 만족하십시오. 만족해야 행복합니다. 새로운 꿈과 소원이 생기면 주님께 묻고 그분의 지시를 따라 시도하십시오.

넷째, 행복한 사람은 시냇가에 심은 나무와 같습니다.

그는 철을 따라 열매를 맺으며 그 잎사귀가 마르지 아니함 같고 그가 하는 모든 일이 다 형통합니다. 당신은 '예수 그리스도'라는 시냇가에 심겼습니다. 당신은 이미 많은 복을 받은 사람입니다.

다섯째, 시냇가에 심은 나무와 같은 사람은 잎사귀가 흔들리는 것을 따라 살지 않습니다. 잎사귀는 하루에 수만 번 이리저리 흔들립니다. 그런 잎사귀를 따라 마음이 요동치는 사람은 불행합니다. 잎사귀를 보지 말고 나무와 뿌리를 봐야 합니다. 눈을 더 높이 들어 나무를 만드신 하나님을 바라봐야 합니다. 그러면 행복해집니다.

당신의 눈앞에서 정신없이 흔들리는 잎사귀는 무엇입니까?

그 잎사귀를 바라보지 말고 오직 예수 그리스도를 바라보십시오.

하루 종일 바람에 흔들리는 잎사귀를 보며 반응하지 마십시오.

하루 종일 잎사귀만 뚫어지게 쳐다보는 농부는 없습니다.

농부는 잎사귀가 아닌 나무를 보면서 농사를 짓습니다.

나무는 천천히 자라고 철을 따라 열매를 맺습니다. 나무를 주신 하나님을 바라보며 그분과 뜨겁게 연애하며 행복한 인생을 사십시오. 하루 종일 성령님과 동행하며 그분을 사랑하십시오.

날마다 이렇게 말하며 성령님께 사랑을 고백하십시오.

"성령님, 많이 사랑합니다."

2021년 5월 5일

김 열 방

[목차]

성령님, 지혜를 주세요

성령님, 어떻게 할까요?

한 세계적인 투자가에게 기자가 물었습니다.

"당신은 주식 투자를 어떻게 합니까?"

그러자 그는 놀라운 대답을 했습니다.

"집사람이 시키는 대로 합니다."

만약 다윗에게 똑같은 질문을 하면 뭐라고 대답할까요?

"당신은 어떻게 전쟁을 하고 승리합니까?"

"저는 주님이 시키는 대로 합니다."

다윗은 사울처럼 조급하지 않았고 주님을 항상 자기 앞에 모셨습니다. 그는 말했습니다. "내가 여호와를 항상 내 앞에 모심이여, 그

가 나의 오른쪽에 계시므로 내가 흔들리지 아니하리로다."(시 16:8)

사울은 하나님께 버림받았고 다윗은 하나님께 인정받았습니다.

당신은 지금 무엇 때문에 마음이 조급합니까? 멈추십시오.

성경에 "조급한 자는 궁핍함에 이른다"(잠 21:5)고 했습니다.

조급하면 성령님이 뒤로 물러나십니다. 당신이 뒤로 물러나며 "성령님, 어떻게 할까요?"라고 도움을 구하고 기다려야 합니다.

요즘 수많은 청년들이 주식 투자를 하고 있습니다. 그들은 조급한 마음으로 투자하고 하루 종일 마음을 졸입니다. 그러면 투자한 것에 대해 자꾸 손실을 입게 됩니다. 느긋하게 기다리지 못하면 기분에 따라 성급하게 결정하기 때문에 계속 손실을 입게 됩니다.

전설적인 투자가라 불리는 워렌 버핏은 말했습니다.

"주식 투자에 있어 꼭 기억해야 할 원칙이 있다. 첫째, 돈을 잃지 마라. 둘째, 돈을 잃지 마라. 셋째, 첫째와 둘째를 잊지 마라."

돈을 잃지 않으려면 손실이 났을 때 한 주도 팔지 않고 기다리면 됩니다. 기다리는 것은 내 힘으로 안 됩니다. 성령님께 도움을 구해야 합니다. 오래 참음 곧 인내는 성령의 열매이기 때문입니다.

손실을 입었다면 성령님께 도움을 구하십시오.

"성령님, 저에게 지혜와 인내의 힘을 주세요. 부탁합니다."

무엇을 하든지 조급하지 마십시오. 날마다 성령님께 '지혜와 인내의 힘'을 공급받으십시오. 돈은 조급한 사람에게서 기다리는 사람에게로 강물처럼 흘러 들어갑니다. 다음의 말씀을 기억하십시오.

"많은 재물보다 명예를 택할 것이요 은이나 금보다 은총을 더욱 택할 것이니라. 가난한 자와 부한 자가 함께 살거니와 그 모두를 지으신 이는 여호와시니라. 슬기로운 자는 재앙을 보면 숨어 피하여도 어리석은 자는 나가다가 해를 받느니라. 겸손과 여호와를 경외함의 보상은 재물과 영광과 생명이니라. 패역한 자의 길에는 가시와 올무가 있거니와 영혼을 지키는 자는 이를 멀리 하느니라. 마땅히 행할 길을 아이에게 가르치라. 그리하면 늙어도 그것을 떠나지 아니하리라. 부자는 가난한 자를 주관하고 빚진 자는 채주의 종이 되느니라. 악을 뿌리는 자는 재앙을 거두리니 그 분노의 기세가 쇠하리라."(잠 22:1~8)

최고를 선택하면 갈등이 사라진다

어떻게 하면 투자에 성공할 수 있을까요?

첫째, 하나님께 은총을 구해야 합니다.

모든 일은 내 힘으로 하는 것이 아닙니다. 창조주 하나님, 전능하신 하나님이 은총을 주셔야 복을 받고 성공합니다.

은총(恩寵, grace)은 하나님이 나를 자비롭게 여기시고 특별히 은혜와 사랑, 호의를 베푸시는 것을 말합니다. 성경에 나오는 아브라함, 이삭, 야곱, 요셉, 모세, 다윗, 솔로몬, 욥 등 모든 인물은 하나님의 은총을 받았기 때문에 성공했습니다. 이렇게 기도하십시오.

"하나님, 저에게도 은총을 베풀어 주세요."

둘째, 부를 주시는 하나님께 지혜를 구해야 합니다.

세상에는 가난한 자와 부한 자가 함께 살고 있습니다. 부한 자는 돈에 대한 지혜가 있기 때문에 부해진 것입니다. 하나님은 "있는 자에게 더 많이 주라"고 했습니다. 이것은 '소유'의 개념이 아니라 '투자와 수익, 경영'의 개념입니다. 한 달란트 곧 20억 정도의 사업 자금을 주었는데 땅에 파묻어 두거나 어리석게 행동해서 원금을 다 잃었다면 주인이 더 많은 것을 맡기고 싶어도 불안할 것입니다.

다섯 달란트 곧 100억을 받은 종은 나가서 장사했고 두 배인 200억을 만들었습니다. 두 달란트 곧 40억을 받은 종은 처음엔 어떻게 해야 할지 몰라 머뭇거리다가 다섯 달란트 받은 사람이 하는 것을 가만히 지켜보고 그대로 따라 해서 80억을 만들었습니다.

당신도 지혜가 있어야 돈을 벌고 성공합니다. 하나님께 순간마다 지혜를 구하십시오. 나는 날마다 지혜를 달라고 기도합니다.

"성령님, 저는 지혜가 부족합니다. 저에게 100배, 60배, 30배의 수익을 낼 수 있는 지혜를 주세요. 부탁합니다."

셋째, 재앙을 보면 나가지 말고 숨어 피해야 합니다.

재앙(災殃)은 '뜻하지 않게 생긴 불행한 변고'를 말합니다. 자연재해는 태풍, 폭우, 폭설, 가뭄, 지진, 해일, 홍수, 황사, 전염병 등입니다. 이런 것을 보면서 미련하게 앞으로 나가지 말고 잠시 피해 있어야 합니다. 어리석은 자는 괜찮다며 앞으로 나가다가 자신과 주변 사람이 모두 해를 입습니다. 바람이 불면 엎드리십시오.

넷째, 항상 겸손하고 여호와를 경외해야 합니다.

사람들은 조금만 성공하거나 돈을 벌어도 자기가 잘 나서 그런 줄 알고 교만을 떱니다. 모두 하나님의 은혜임을 알고 겸손해야 합니다. 성공하든 실패하든 항상 여호와를 경외해야 합니다. 씨앗을 심고 물을 주는 것은 사람이 하지만 그것을 자라게 하시는 분은 하나님이십니다. 자라는 데는 시간이 필요합니다. 사업과 자산은 몇 년 또는 몇 십 년의 시간을 두고 기다려야 크게 성장합니다.

심을 씨앗과 먹을 양식을 주는 분도 하나님이십니다.

그러므로 모든 일에 하나님을 인정하고 겸손하십시오.

다섯째, 어릴 때 배운 것을 기억해야 합니다.

"내가 알아야 할 모든 것은 유치원에서 배웠다"는 말이 있습니다. 유치원에서는 "파란불일 때 건너고 빨간불일 때는 멈추고 기다려라"고 가르칩니다. 하지만 어른이 된 후에는 그것을 무시하고 성급하게 행동하고 투자하기 때문에 많은 손실을 입습니다.

여섯째, 경제적인 자유를 얻어야 합니다.

많은 사람들이 열심히 공부해서 일류 대학에 진학하고 대기업에 취직하는 꿈을 가집니다. 대기업의 종업원이 되려는 것이죠. 종업원(從業員)은 무엇일까요? 종처럼 일하는 회사원을 말합니다. 그렇게 수십 년간 남이 시킨 일만 하다 퇴직합니다. 돈과 사람, 시간과 환경에 대한 스트레스를 받고 모든 면에 자유가 없습니다.

"부자는 가난한 자를 주관하고 빚진 자는 채주의 종이 된다"(잠 22:7)고 했습니다. 거부가 되려면 투자가의 길을 가야 합니다. 투자가의 길은 돈과 사람, 시간에 대한 스트레스가 없고 자유롭습니다.

일곱째, 무엇을 뿌릴지 종목을 잘 선택해야 합니다.

"악을 뿌리는 자는 재앙을 거둔다"고 했습니다. 악을 뿌리지 말고 선을 뿌려야 합니다. 악은 '나쁜 씨앗'을 말하며 선이란 '좋은 씨앗'을 말합니다. 선택을 잘해야 인생이 행복해지고 부요해지고 안정됩니다. 사람들은 아직도 갈등하고 있다고 말합니다.

"많은 종류의 친구를 만나 봤지만 아직 관계가 좋지 않아요."
"많은 종류의 연애를 했지만 아직 배우자를 정하지 못했어요."
"많은 종류의 집을 봤지만 아직 이사할 집을 찾지 못했어요."
"많은 종류의 땅과 빌딩을 봤지만 아직 마음에 쏙 들지 않아요."
"많은 종류의 주식을 샀지만 아직 사고팔기를 반복하고 있어요."
"많은 종류의 차를 탔지만 아직 다른 차를 기웃거리고 있어요."

왜 그런 말을 할까요? 최고 곧 '명품'을 만나지 못했기 때문입니다. 최고의 친구, 최고의 배우자감, 최고의 땅과 빌딩, 최고의 집, 최고의 차를 만나면 갈등과 방황을 멈추게 됩니다. 최고를 선택하는 지혜를 구하십시오. 형편이 안 된다고 허접한 것을 선택하면 얼마 안 가 후회하고 새 걸로 바꾸기를 반복하게 됩니다. 거기에서 오는 시간과 비용, 스트레스가 엄청나다는 것을 알아야 합니다.

비용이 없거나 부족하면 전능하신 하나님께 구하십시오.

그리고 처음부터 최고를 선택하십시오. 어떻게 하면 될까요?

성령님께 물어야 합니다. "성령님, 어떻게 할까요?"

나는 어떤 것을 선택할 때마다 성령님께 물었습니다. 성령님께 묻고 그분의 음성을 따라 순종했기 때문에 후회가 없고 행복합니다.

당신도 친구와 배우자를 선택할 때, 빌딩과 아파트와 땅을 살 때, 자동차를 살 때, 신발과 옷을 살 때, 시계와 가방을 살 때 이렇게 중얼거리며 성령님께 물어야 합니다. "성령님, 어떻게 할까요?"

그러면 성령님께서 당신의 마음에 '하라, 하지 마라, 기다려라'고 말씀하십니다. 성령님은 최고를 선택하도록 돕는 코치이십니다.

지금 당신이 선택한 것이 씨앗이고 나중에 큰 나무가 될 것입니다. 하루나 이틀이 아닌 10년, 100년 이상 보존해야 합니다.

한 번 선택하면 옷과 차는 10년, 집과 땅과 빌딩은 100년, 영적인 문제는 영원히 가는 것입니다. 순간의 선택이 가장 중요합니다.

100년 후를 내다보며 선택하라

당신은 몇 년을 내다보며 물건을 삽니까?

나는 7년 전에 새 차를 샀고 지금까지 주행 거리가 10만 킬로를 좀 넘었는데 100년 동안 100만 킬로를 탈 예정입니다.

나는 목회하는 것도, 책을 쓰는 것도, 아파트를 사는 것도 100년 마인드로 합니다. 크게 멀리 내다봅니다. 나무를 심었으면 3년, 4년, 길게는 100년 이상 기다려야 합니다. 그러려면 나무의 종류가 매우 중요합니다. 좋은 나무 곧 '명품 나무'를 선택해야 합니다.

세월이 흐를수록 가치가 올라가는 명품 땅, 명품 아파트, 명품 차, 명품 옷, 명품 주식을 사서 100년 이상 보존해야 합니다. 사실 이런 것들은 값이 오르면 팔기 위해 사는 '투자 목적'이 아닙니다.

100년 후에는 그 가치가 열 배, 백 배, 천 배가 될 것이라는 믿음으로 지금 사두고 대를 물리는 것이므로 돈을 목적으로 하는 '투자가의 길'이 아닌 명품을 간직하고 지키는 '보존가의 길'입니다.

물건을 살 때 선택의 대가이신 성령님께 물으십시오.

"성령님, 어떤 것을 선택하면 좋을까요?"

그러면 성령님께서 당신에게 최고를 선택할 수 있는 지혜와 세미한 음성을 주실 것입니다. 좋은 것을 선택해야 자주 바꾸지 않고 평생 함께할 수 있습니다. 평생 함께할 설레는 물건을 선택하십시오.

차도 2년마다 한 번씩 바꾸는 사람이 있습니다. 10년 동안 5번을 바꾸는 것이죠. 매번 새 차를 타니까 좋은 것 같지만 사실은 허접한 차를 사기 때문에 2년만 되면 금방 너덜너덜해지는 것입니다. 돈을 두 배로 들여 좋은 차를 사면 10년, 20년, 30년을 탈 수 있습니다. 나는 벤츠를 100년 탈 생각이고 다른 차가 필요하면 추가로 구매할 것입니다. 옷, 신발, 시계, 전자 제품, 가구도 모두 그렇습니다.

대를 물리며 사용할 수 있는 좋은 물건을 선택하십시오.

손실을 회복하는 비결은 누적의 힘에 있다

당신은 인생에 손실을 입은 적이 없습니까?

저축했던 돈을 잃을 수도 있고 집값이 떨어질 수도 있습니다.

한때 내가 사는 잠실에 아파트 가격이 반토막 난 적이 있었습니다. 사람들은 더 떨어질까 두려워서 너도나도 팔기 시작했습니다.

그럴 때는 마음을 가라앉히고 온갖 부정적인 기사를 차단해야 합니다. 100년 마인드를 가지고 크게 멀리 내다봐야 합니다.

환경에 변화가 오면 성령님의 음성에 귀를 기울여야 합니다.

노골적으로 "성령님, 어떻게 할까요?"라고 물으십시오.

나도 예전에 내가 잃은 것을 찾기 위해 마음이 흥분된 적이 있었습니다. 하지만 내가 잃은 것을 찾으려고 애쓰면 쓸수록 더 많은 것을 잃게 되었습니다. 나는 성령님께 도움을 구했습니다.

"성령님, 어떻게 할까요? 저를 도와주세요. 저는 어리고 부족해서 아무것도 모릅니다. 어떻게 해야 할지 저에게 지혜를 주세요."

그러자 성령님께서 내 마음에 깨달음을 주셨습니다.

"삼손이 그의 머리털이 잘려 신적인 힘을 잃었을 때 어떻게 했느냐? 아무것도 하지 않고 기다려야 했다. 오래 기다리니까 그의 머리털이 다시 자라기 시작했고 능력이 돌아왔다. 네 힘과 경험, 지식으로 잃은 것을 찾으려고 하지 말고 최고의 길을 선택한 후에 기다려라. 기다리면 잃었던 것이 회복된다. 이것이 누적의 복이다. 아브라함, 이삭, 야곱, 요셉, 모세, 다윗, 솔로몬 등 성경에 나오는 인물들은 하루아침에 크게 성공한 것이 아니다. 누적의 복을 통해 성공했다. 나는 누르고 흔들어 넘치도록 하여 너에게 안겨 준다. 하지만 하루아침에 주는 것이 아니라 누적의 법칙을 통해 준다. 욥도 그가 잃은 재산을 하루아침에 다시 갑절로 받은 것이 아니라 오랜 기간에 걸쳐 누적의 복을 받았다. 성경에 보면 '욥의 말년에 갑절의 복을 받았다'는 표현이 나온다. 너도 한 번 기도하고 구한 것을 받은 줄로 믿고 오래 기다리면 누적의 복을 통해 말년에 갑절 또는 백 배, 천 배, 만 배의 복을 받게 될 것이다. 조급한 마음으로 잃은 것을 회복하려고 하지 말고 100년 마인드로 오래 기다려라. 누적의 복을 받으려면 믿음이 필요하다. 받은 줄로 믿고 조금도 의심하지 않고 기다리면 반드시 천 배, 만 배의 복을 받을 것이다."

그 날 나는 굳게 결심했습니다. 절대로 일시적인 사람과 사건, 환경과 현상을 보지 않고 오직 하나님의 음성을 따라 손실이 회복될 때가지 오래 참고 기다리기로 마음먹었습니다. 어떤 순간적인 유혹과 사람들의 달콤한 조언에도 결코 휘말리지 않기로 했습니다. 그 결과 그동안의 손실을 다 회복했고 더 큰 복을 받았습니다.

물론 하나님은 하루 만에 다 주시는 분입니다. 하지만 누적된 것이 하루 만에 나타난다는 것을 기억해야 합니다. 사람들은 겉으로 드러난 것만 보고 "와, 저 사람은 자고 일어나니까 성공했어"라고 말하지만 그 사람에겐 인내하며 기다린 오랜 세월이 있습니다.

누적된 시간을 통해 잘린 머리털이 자라게 됩니다.

누적된 책 쓰기를 통해 두꺼운 책을 출간하게 됩니다.

누적된 자산 보유 기간을 통해 수천억을 벌게 됩니다.

누적된 읽기와 쓰기, 말하기를 통해 외국어로 강연하게 됩니다.

누적된 감각을 통해 럭셔리한 인테리어와 디자인을 하게 됩니다.

누적된 우정과 사랑을 통해 친밀한 관계를 누리게 됩니다.

누적된 저축과 투자, 수익을 통해 자산 총액이 쌓이게 됩니다.

누적된 소비를 통해 대출금과 카드값이 쌓이게 됩니다.

나쁜 누적 습관은 없애고 좋은 누적 습관만 가지십시오.

요셉은 7년 풍년의 때에 수확의 오분의 일을 곳간에 쌓았습니다.

"요셉이 애굽 왕 바로 앞에 설 때에 삼십 세라. 그가 바로 앞을 떠나 애굽 온 땅을 순찰하니 일곱 해 풍년에 토지 소출이 심히 많은지라. 요셉이 애굽 땅에 있는 그 칠 년 곡물을 거두어 각 성에 저장하되 각 성읍 주위의 밭의 곡물을 그 성읍 중에 쌓아 두매 쌓아 둔 곡식이 바다 모래 같이 심히 많아 세기를 그쳤으니 그 수가 한이 없음

이었더라."(창 41:46~49)

그리고 그것을 7년 흉년의 때에 조금씩 내다 팔았습니다.

"애굽 땅에 일곱 해 풍년이 그치고 요셉의 말과 같이 일곱 해 흉년이 들기 시작하매 각국에는 기근이 있으나 애굽 온 땅에는 먹을 것이 있더니 애굽 온 땅이 굶주리매 백성이 바로에게 부르짖어 양식을 구하는지라. 바로가 애굽 모든 백성에게 이르되 요셉에게 가서 그가 너희에게 이르는 대로 하라 하니라. 온 지면에 기근이 있으매 요셉이 모든 창고를 열고 애굽 백성에게 팔새."(창 41:53~56)

이것이 투자와 거둠, 성장과 보존의 법칙입니다.

당신도 자산을 사 모으고 그것이 수만 배로 성장하기까지 오래 기다려야 합니다. 그러는 동안 마음에도 악을 쌓지 말고 선을 쌓으며 행복하게 살아야 합니다. 예수님은 사람들에게 말씀하셨습니다.

"선한 사람은 그 쌓은 선에서 선한 것을 내고 악한 사람은 그 쌓은 악에서 악한 것을 내느니라."(마 12:35)

신앙생활에 율법의 행위가 아닌 은혜의 복음을 쌓으십시오.

은혜의 복음이 당신의 인생을 행복하게 할 것입니다.

당신에게 하나님의 은혜가 넘치고 있습니다.

성령님은 나를 칭찬하신다

정죄 의식을 버려야 악령이 떠난다

당신은 무엇 때문에 자신을 정죄합니까?

정죄하면 귀신이 붙고 병이 생깁니다. 온갖 저주가 옵니다.

정죄 의식을 버려야 귀신이 쫓겨 나가고 불치의 병이 낫습니다.

정죄 의식을 버려야 기도와 찬양과 말씀이 막히지 않습니다.

마귀는 끊임없이 당신에게 속살거리며 거짓말을 하고 당신의 마음에 온갖 정죄 의식을 불러일으킵니다. 마귀에게 속지 마십시오.

"네가 그렇게 잠을 푹 자도 돼?"

"네가 그렇게 돈을 많이 벌어도 돼?"

"네가 그렇게 좋은 집에 살아도 돼?"

"네가 그렇게 넓은 땅과 큰 빌딩을 사도 돼?"

"네가 그렇게 멋진 외투를 입어도 돼?"

"네가 그렇게 예쁜 신발을 신어도 돼?"

"네가 그렇게 큰 사업을 일으켜도 돼?"

"네가 그렇게 행복한 결혼을 해도 돼?"

"네가 그렇게 많은 자녀를 낳아도 돼?"

"네가 그렇게 공부를 잘해도 돼?"

"네가 그렇게 과감히 투자해도 돼?"

"네가 그렇게 장사를 잘해도 돼?"

"네가 그렇게 책을 써내도 돼?"

"네가 그렇게 교회에 나가도 돼?"

"네가 그렇게 전도하러 다녀도 돼?"

"네가 그렇게 헌금해도 돼?"

네, 괜찮습니다. 해도 됩니다. 모든 일을 믿음으로 하십시오.

그러나 믿음으로 하지 않고 의심하면 죄가 됩니다. "의심하고 먹는 자는 정죄되었나니 이는 믿음을 따라 하지 아니하였기 때문이라. 믿음을 따라 하지 아니하는 것은 다 죄니라."(롬 14:23)

그래서 마귀는 당신이 하는 일에 의심을 불어 넣는 것입니다.

마귀는 하나부터 열까지 모든 일에 태클을 걸면서 정죄합니다.

가난하면 가난하다고 정죄합니다. 무요하면 무요하나고 정죄합니다. 죄를 지으면 죄를 지었다고 정죄합니다. 거룩한 삶을 살면 "네가 무슨 의인이야? 네가 계속 거룩한 삶을 살 수 있다고 생각해?"라며 또 정죄합니다. 목이 마르면 "너 갈증이 심하지? 헐떡거리고 있구나. 그러니 당연히 술, 담배, 마약, 음행, 도박 등 온갖 것에 빠져들어야 해"라며 또 정죄합니다. 마귀를 꾸짖고 대적하십시오.

당신이 "나는 생수가 넘쳐서 성령 충만하고 행복하다"고 말하면 마귀는 다가와서 속삭이며 정죄합니다. "네가 그렇게 행복해도 되니? 네 주위에 있는 사람들 봐. 그들은 매일 슬퍼하잖아. 너는 기쁘다고 하지만 그들은 여전히 근심에 빠져 있어. 너는 염려가 없다고 하지만 그들은 지금도 불안해하잖아. 너는 평강이 가득하다고 하지만 그들은 심판과 진노와 형벌이 두려워 잠 못 자고 덜덜 떨잖아."

당신이 "의와 평강과 희락이 넘친다"고 말하면 마귀는 와서 또 정죄합니다. "너는 죄인이고 비참하게 살다가 죽을 거야."

아프면 "네가 죄를 지어서 아픈 거야" 하고 또 정죄합니다.

병 고침 받고 건강하면 "네가 그렇게 건강하게 살아도 돼?"라며 또 정죄합니다. 어리석어도 정죄하고 지혜가 가득해도 정죄합니다.

마귀는 그의 무기가 한 가지인데 곧 정죄하는 것입니다.

정죄가 들어오면 사망이 세력을 얻게 되는 것입니다. "사망아, 너의 승리가 어디 있느냐? 사망아, 네가 쏘는 것이 어디 있느냐? 사망이 쏘는 것은 죄요 죄의 권능은 율법이라."(고전 15:55~56)

그러나 염려하지 마십시오. 당신 안에 예수님이 살아 계십니다.

"우리 주 예수 그리스도로 말미암아 우리에게 승리를 주시는 하나님께 감사하노라. 그러므로 내 사랑하는 형제들아, 견실하며 흔들리지 말고 항상 주의 일에 더욱 힘쓰는 자들이 되라. 이는 너희 수고가 주 안에서 헛되지 않은 줄 앎이라."(고전 15:57~58)

항상 믿음의 주요 또 온전케 하시는 이인 예수를 바라보십시오.

당신 안에 계신 예수님은 정죄보다 억만 배나 크신 분입니다.
어떤 경우에도 자신을 정죄하지 마십시오.

정죄라는 미끼를 물지 마라

당신은 정죄라는 미끼를 문 적이 없습니까?

정죄라는 미끼를 물면 그날로 사람은 이상해집니다.

머리가 아파 오고 정신이 혼미해지고 분별력이 사라집니다.

정죄는 마귀의 궤계요 무기입니다. 그것을 물지 마십시오.

낚시꾼이 낚시를 던져서 물고기를 잡습니다. 이때 미끼를 끼워야 합니다. 떡밥이나 지렁이, 작은 물고기 등 여러 가지 미끼의 종류가 있습니다. 그 모양은 다양하지만 어쨌든 물고기가 물 수 있는 미끼를 끼우고 낚시 바늘을 던집니다. 물고기가 헤엄치다가 미끼를 탁 무는 순간 낚시 바늘이 아가미에 들어가 구멍을 뚫고 뀁니다. 물고기는 피를 흘리며 발버둥 치지만 거기서 절대로 빠져 나올 수가 없습니다. 마귀도 영혼을 낚을 때 낚시 바늘에 미끼를 끼웁니다.

사람들은 영혼을 낚는 마귀의 미끼 종류가 엄청 많을 거라고 생각하지만 실제로는 그렇지 않습니다. 마귀는 단순합니다. 마귀는 미련합니다. 그렇지만 마귀에게는 아주 막강한 무기가 하나 있습니다. 그게 뭘까요? 바로 '정죄'라는 미끼인 것입니다.

모든 병과 모든 악한 영이 역사하도록 틈을 주고 문을 여는 것은 바로 이 '정죄'라는 미끼 때문입니다. 사람이 그 미끼를 물고 낚시 바늘에 탁 꿰이면 그때부터 피를 흘리며 아프다고 발버둥 치기 시작합니다. 낚시 바늘은 귀신이고 악한 영입니다. 그때부터 그 사람은 악한 영에게 계속 이리저리 끌려 다니게 됩니다.

악한 영에게 잡히면 맥없이 끌려 다닙니다.

밤에도 자다 일어나 악한 영에게 끌려 나가 고함을 치며 자기 몸을 때리고 낮에도 더러운 누더기를 입고 하루 종일 돌아다닙니다. 눈동자는 풀려 있고 남이 버린 음식물을 주워 먹고 몸에는 더러운 냄새가 진동합니다. 우산을 덮어 쓰고 하루 종일 공원에 쪼그리고 앉아 있고 손에 비닐봉지를 들고 정처 없이 돌아다닙니다.

군대 귀신이 들면 무덤과 산에 가서 소리를 지릅니다. 무덤 같은 곳에서 지내며 돌이나 막대기로 자기 몸을 때리고 상하게 합니다.

"더러운 귀신 들린 사람이 무덤 사이에서 나와 예수를 만나니라. 그 사람은 무덤 사이에 거처하는데 이제는 아무도 그를 쇠사슬로도 맬 수 없게 되었으니 이는 여러 번 고랑과 쇠사슬에 매였어도 쇠사슬을 끊고 고랑을 깨뜨렸음이러라. 그리하여 아무도 그를 제어할 힘이 없는지라. 밤낮 무덤 사이에서나 산에서나 늘 소리 지르며 돌로 자기의 몸을 해치고 있었더라."(막 5:1~5)

간질 귀신이 들면 거품을 물고 쓰러지고 물과 불에 자주 빠집니다. 귀머거리 벙어리 귀신이 들면 듣지도 못하고 말하지도 못하게 됩니다. 소경 귀신이 들면 눈이 상하기 시작해 보지 못하게 됩니다.

한 사람이 예수님께 와서 무릎을 꿇고 말했습니다. "주님, 제 아들이 간질병으로 몹시 시달리고 있으니 자비를 베풀어주십시오. 그 아이는 가끔 불 속에 뛰어들기도 하고 물속에 빠지기도 합니다."

예수님은 "그 아이를 내게 데려오라"고 하셨습니다. 그리고 악한 영을 꾸짖자 떠나가고 아이는 그때부터 나았습니다.(마 17:14~18)

이런 귀신들은 모두 정죄를 타고 오는 것입니다.

그 낚시 줄을 끊어야 삽니다. 그렇지 않으면 계속 끌려 다니다가 결국 죽게 됩니다. 마귀는 '정죄라는 미끼'로 사람을 낚시질해서 그걸 탁 무는 순간 끌고 다니다가 죽여서 지옥에 집어넣으려고 합니다. 그러므로 정죄라는 미끼를 물지 말아야 합니다.

예수님은 당신을 정죄하지 않으십니다.

"정죄하지 말라."(눅 6:37)

악한 영은 정죄를 통해 들어온다

당신은 귀신을 어떤 존재로 생각합니까?

힘이 엄청 세고 똑똑하고 영리하다고 생각하지 않습니까?

사실 귀신은 힘이 없습니다. 하지만 그 귀신이 사람 몸 안에 들어가면 병을 일으킵니다. 정신을 혼란스럽게 만듭니다. 잠을 못 자게 만듭니다. 혈관을 건드리고 신경을 건드리고 뼈를 건드립니다.

한 사람이 내게 상담하러 왔습니다.

"김열방 목사님, 제가 사명을 감당하지 못해서 고통스럽습니다. 사명을 감당하지 못한다고 하나님이 진노의 손으로 저를 눌러서 악한 영들이 밤마다 저를 괴롭힙니다. 새벽 한두 시정도 되면 악한 영들이 저를 깨우고 저를 마구 찌릅니다. 그 다음에 밖으로 나가자고 합니다. 나가서 계속 헛소리를 지껄이게 합니다. 모든 사람들이 저를 보고 미쳤다고 말합니다. 제 주먹으로 가슴을 막 칩니다. 어떻게 하면 좋습니까? 하나님의 진노가 제게서 떠나가기를 위해 목사님과 온 성도들이 금식하며 간절히 기도해 주세요."

나는 그분에게 말했습니다.

"하나님의 진노와 심판, 형벌 때문이 아닙니다. 하나님의 진노와 심판, 형벌은 예수님이 십자가에서 다 받으셨습니다. 당신은 그리스도 안에서 의인입니다. 사명을 감당하지 못해서 그런 것도 아닙니다. 사명은 '각종 봉사'가 아닌 '복음을 전하는 것'입니다. 당신은 마귀에게 속고 있습니다. 예수 이름으로 마귀를 대적하고 귀신을 쫓아내면 다 떠나갈 것입니다. 하나님이 당신을 사랑하십니다."

나는 그분에게 안수하며 예수 이름으로 명령했습니다.

"예수 그리스도의 이름으로 명하노니 악한 영아, 이 사람에게서 나오라. 다시는 들어가지 마라."

과연 하나님이 그 사람을 향해서 진노하신 걸까요? 아닙니다.

우리는 교회에서 진노하시는 하나님을 가르칩니다.

"아, 맞아. 하나님은 엄청나게 지금 화가 나 있어."

"하나님은 사람들을 향해 분노하고 계셔. 조금이라도 부족한 사람은 그분이 손가락으로 다 눌러 진액을 빼내고 죽이실 거야."

그렇지 않습니다. 집 나간 탕자가 돌아왔을 때 그 아버지는 어떤 분이었습니까? 인자한 아버지였습니다. 사랑이 많은 아버지였습니다. 자비가 넘치는 아버지였습니다. 불쌍히 여기는 아버지였습니다.

이미 탕자의 죄를 다 용서한 아버지였습니다.

서기관과 바리새인, 율법사들은 하나님에 대해 진노하시는 분으로 알고 있었습니다. 그들은 십계명에서 수천수만 가지의 율법 조항을 만들어 하나라도 지키지 않으면 하나님이 크게 심판하신다고 가르쳤습니다. 예수님은 그런 거짓 교사들을 향해 화를 내셨습니다.

"이 독사의 새끼들아, 너희는 손가락 하나 까딱하지 않으면서 왜 사람들에게 많은 짐을 지워 고통을 겪게 하느냐? 차라리 너희가 연자 맷돌을 지고 바다에 빠지는 것이 낫겠다."

그 연자 맷돌은 조그마한 맷돌이 아닙니다. 소 대신 삼손이 돌렸던 큰 연자 맷돌을 말합니다. 거짓 교사들은 차라리 거기에 묶어서 바다에 빠지게 하는 것이 낫다고 말씀하신 것입니다.

하나님은 한없이 자비하신 분입니다.

"구약에 율법 시대의 하나님은 무서운 분이 아닌가요? 징계하시는 하나님이 아닌가요? 형벌을 내리는 하나님이 아닌가요? 심판을 하시는 하나님이 아닌가요?"

과연 그럴까요? 모세가 호렙산에서 하나님을 만났을 때 불꽃 가운데서 그분이 뭐라고 말씀하셨습니까? "자비롭다. 자비롭다. 여호와는 자비가 많은 하나님이다"라고 말씀하셨습니다.

하나님은 자비가 많으신 분입니다. 하나님은 사람들을 불쌍히 여기시는 분입니다. 한없이 불쌍히 여기시는 분입니다.

나를 따라서 이렇게 말해 보십시오.

"하나님은 나를 불쌍히 여기신다."

한없는 자비로 당신을 불쌍히 여기시는 분이 하나님입니다.

강도 만난 이웃이 쓰러졌을 때 종교 지도자들은 그것을 보면서 피해 갔습니다. 그들은 '빨리 가서 예배해야 돼. 성경을 읽어야 돼. 빨리 가서 사람들에게 성경을 가르쳐야 돼'라고 생각했을 것입니다. 그리고 '저 쓰러진 사람이 만약 이미 죽었다면 내가 부정한 시체에 손대는 건데 그러면 안 돼. 나도 더러워지잖아'라며 다 피해서 도망 갔습니다. 근엄한 제사장들이 피해 갔습니다. 꼼꼼한 레위인도 피해 갔습니다. 그런데 한 사마리아인 다가갔습니다.

그 사람은 가까이 가서 포도주로 그를 닦아주고 싸매 주고 그를 숙소에 데려다 주면서 여관 주인에게 여비와 치료비를 주었습니다.

누가 강도 만난 자의 이웃입니까? 바로 선한 사마리아인입니다.

그 사람의 행동은 하나님의 마음을 표현하고 있는 것입니다.

하나님은 강도 만난 사람들을 보면서 지나가시는 분이 아닙니다.

하나님은 당신에게 말씀하십니다.

"나는 너희에게 제사를 원하는 것이 아니라 순종을 원한다. 나는 너희가 자비를 베풀길 원한다."

그러나 제사장과 레위인은 '하나님이 자비보다는 제사를 좋아하실 거야. 그러니 나는 빨리 가서 제사를 지내야 해. 난 깨끗한 사람이야'라고 생각했던 것입니다. 그러나 주님은 다르게 말씀하십니다.

"내가 제사를 원치 않고 자비를 원한다."

하나님은 사울 왕에게 이렇게 말씀하셨습니다.

"나는 제사를 원치 않고 순종을 원한다. 순종이 제사보다 낫다."

예수님은 제자들에게 말씀하셨습니다.

"하나님을 사랑하라. 이웃을 네 몸과 같이 사랑하라."

성경은 우리에게 두 가지 핵심을 요구합니다.

"하나님을 경외하고 이웃을 불쌍히 여기라."

하나님이 화가 나서 우리를 심판하시는 것이 아닙니다.

하나님은 2천 년 전에 그분의 화가 머리끝까지 치밀어 올랐고 절정에 달했습니다. 그리고 그 화를 누구에게 퍼부으셨을까요?

하나님의 어린 양이신 독생자 예수님에게 다 퍼부었습니다.

4천 년 동안 쌓여 있던 하나님의 진노를 예수님에게 한순간에 다 쏟아 부으신 것입니다. 진노의 잔을 다 쏟으신 것입니다.

예수님은 제자들에게 이런 말씀을 하셨습니다.

"내가 마시는 잔을 너희가 마실 수 있으며 내가 받는 세례를 너희가 받을 수 있느냐?"(막 10:38)

"내 마음이 심히 고민하여 죽게 되었다."(막 14:34)

그리고 예수님은 '기름 짠다'는 뜻을 가진 겟세마네 동산에서 땀방울이 핏방울이 될 정도로 기도하시며 이렇게 간구하셨습니다.

"아빠 아버지여, 아버지께는 모든 것이 가능하오니 이 잔을 내게서 옮기시옵소서. 그러나 나의 원대로 마시옵고 아버지의 원대로 하옵소서."(막 14:36)

우리가 마땅히 받아야 할 진노와 심판, 형벌의 잔을 예수님이 다 받으신 것입니다. 이사야 53장 8절에는 이렇게 말씀합니다.

"그는 곤욕과 심문을 당하고 끌려갔으나 그 세대 중에 누가 생각하기를 그가 살아 있는 자들의 땅에서 끊어짐은 마땅히 형벌 받을 내 백성의 허물 때문이라 하였으리요."

예수님이 우리 대신 곤욕을 당하셨습니다.

곤욕은 '심한 모욕과 참기 힘든 고문, 괴로움' 등을 말합니다.

사람들은 고통과 아픔이 오면 하나님이 주신다고 말합니다.

"하나님이 나를 고문하십니다."

"하나님이 나를 괴롭히십니다."

하나님은 그런 분이 아닙니다. 하나님은 우리의 죄로 말미암아 우리가 받아야 할 모든 형벌을 예수님에게 다 짊어 지우셨습니다.

예수님은 누구신가요? 바로 하나님 자신이 인간의 몸을 입고 이 땅에 오신 분입니다. 그러므로 하나님은 자신이 우리 인간이 받아야 할 모든 욕과 모든 고문과 모든 괴로움을 직접 다 짊어지시고 나무에 매달려 피 흘리며 죽으신 것입니다.

예수님은 심문을 당하셨습니다.

심문은 '자세히 따져서 묻는 것'입니다.

"네가 이런 죄를 지었지?"

"이래서 너는 잘못된 거야."

"너는 이렇게 해서 심판 받아야 돼."

"너는 매를 맞아야 돼."

"너는 집에서 쫓겨나야 돼."

"너는 버림받아야 돼."

"너는 병들어야 돼."

"너는 가난해야 돼."

"너는 저주 받아야 돼."

"너는 망해야 돼."

"너는 뺨을 맞아야 돼."

"너는 침 뱉음을 당해야 돼."

"너는 주먹에 맞고 발에 채여야 돼."

"너는 죽어야 돼."

다들 그렇게 말합니다. 그러나 속지 마십시오. 그 모든 심문을 하나님의 아들 예수님이 대신 당하셨기 때문에 하나님은 더 이상 당신의 뺨을 때리지 않고 당신의 볼을 어루만지십니다. 당신의 머리를 쥐어박지 않고 당신의 머리를 사랑스럽게 쓰다듬으십니다.

나는 내 아내의 머리를 쓰다듬습니다. 내 딸아이의 볼을 쓰다듬습니다. 그 아이들의 머리를 쥐어박거나 뺨을 때리지 않습니다.

왜 그럴까요? 그들이 맞아야 될 뺨을 예수님이 다 맞았기 때문입니다. 예수님이 이 땅에 오셔서 십자가에 매달려 죽으시기 전에 로마 군인들이 뺨을 때렸습니다. 주먹으로 쳤습니다. 침을 뱉었습니다. 발로 찼습니다. 옷을 벗기고 채찍으로 때렸습니다. 예수님의 등은 채찍에 맞아 골이 파였습니다. 뜨거운 피가 솟구쳐 올랐습니다. 사람들은 침을 뱉었습니다. 예수님은 나무에 매달려 외치셨습니다.

"아버지여, 어찌하여 나를 버리시나이까?"

예수님은 하나님 아버지께 당신 대신 버림을 받으셨습니다.

당신이 받아야 할 모든 심문을 예수님이 받으셨습니다.

그는 심한 곤욕과 심문을 당하셨습니다.

예수님이 당신 대신 곤욕 당하고 심문 당했기 때문에 당신은 더 이상 곤욕을 당하지 않습니다. 심문을 당하지 않습니다.

당신은 더 이상 뺨맞지 않습니다. 예수님이 당신 대신 뺨 맞으셨기 때문입니다. 당신은 더 이상 주먹에 얻어터지지 않습니다. 예수님이 당신 대신 그 얼굴이 일그러져서 형체를 알아볼 수 없을 만큼 주먹으로 얻어 터졌기 때문입니다. 당신은 더 이상 침 뱉음을 당하지 않습니다. 예수님이 당신 대신 챔 뱉음을 당했기 때문입니다.

당신은 더 이상 욕을 먹지 않습니다. 예수님이 당신 대신 욕을 다 먹었기 때문입니다. 당신은 더 이상 벌거벗겨지지 않습니다. 예수님이 당신 대신 껍질이 벗겨지셨기 때문입니다. 당신은 더 이상 매를 맞지 않습니다. 예수님이 당신 대신 매를 맞으셨기 때문입니다.

예수님이 당신 대신 채찍에 맞음으로 당신의 모든 연약함과 질병을 담당하셨습니다. 당신은 더 이상 길거리에 나앉지 않습니다. 예수님이 당신 대신 길거리에 나앉으셨기 때문입니다. 당신은 더 이상 하나님의 진노를 받지 않습니다. 예수님이 당신 대신 하나님의 모든 진노를 다 받으셨기 때문입니다.

예수님은 누구시기에 이런 엄청난 곤욕을 당하셨을까요? 예수님은 세상 죄를 지고 가는 하나님의 어린 양이셨기 때문입니다.

세례 요한이 요단강에서 세례를 주고 있었습니다.

무슨 세례입니까? '죄 사함을 얻게 하는 회개의 세례'입니다.

세례 요한 때부터 죄 사함의 문제가 가장 컸습니다. 예수님도 죄 사함을 얻게 하는 회개의 세례를 외치면서 천국 복음을 전파하셨습니다. "회개하라. 천국이 가까이 왔다"고 외치셨습니다.

예수님이 요단강으로 걸어오다가 세례요한을 만났습니다.

예수님은 세례 요한에게 세례 받으셨습니다.

그때 세례 요한이 뭐라고 했습니까?

"보라, 세상 죄를 지고 가는 하나님의 어린 양이로다."

하나님이 인간의 몸을 입고 이 땅에 오셔서 어린 양의 모습으로 세례를 받으신 것입니다. 세례를 받는다는 것은 '어떤 사람 대신 모든 죄를 다 덮어 쓰고 물에 잠겨 죽는다'는 것입니다.

예수님은 창세전에 죽임 당한 하나님의 어린 양입니다.

예수님은 당신이 태어나기도 전에, 당신이 어머니의 배에서 형질이 생기기도 전에, 예수님은 창세전에, 당신을 위해 죽임 당한 어린 양이십니다. 그러므로 당신은 이런 거짓말에 속으면 안 됩니다.

"하나님이 내게 진노하신다. 하나님이 나를 심판하신다. 하나님이 나를 때리신다. 나는 형벌을 받아야 된다. 하나님이 나를 누르고 있으니 내가 이렇게 심한 고통을 당하고 있다. 나는 저주받았다."

구약에는 하나님이 눌러 사람들의 진액이 빠진 적이 있습니다.

하나님이 다윗을 누르니까 진액이 빠져서 죽을 지경이 되었고 그가 침상을 눈물로 띄울 정도로 울며 회개했다고 했습니다. 욥도 "하나님이 나를 누르니까 내 진액이 빠져 죽을 지경이 되었다. 차라리 태어나지 않았으면 더 좋을 뻔했다"고 하소연했습니다. 하지만 사실은 하나님이 누르신 것이 아니라 마귀가 그를 친 것입니다. 그때는 합법적으로 마귀를 대적할 수 있는 권세와 힘이 없었습니다.

지금은 달라졌습니다. 우리는 예수 이름으로 마귀를 대적해야 합니다. 그러면 마귀가 두려워서 우리를 피한다고 했습니다.

"마귀를 대적하라. 그리하면 너희를 피하리라."(약 4:7)

귀신이 소리를 지르며 당신을 괴롭히면 그것은 불법입니다.

당신이 더 큰 소리로 꾸짖어 그 귀신을 쫓아내야 합니다.

"이같이 여러 날을 하는지라. 바울이 심히 괴로워하여 돌이켜 그 귀신에게 이르되 '예수 그리스도의 이름으로 내가 네게 명하노니 그에게서 나오라' 하니 귀신이 즉시 나오니라."(행 16:18)

더 이상 마귀와 귀신들에게 속지 마십시오.

예수님이 십자가에 못 박혀 죽으시고 난 이후로는 달라졌습니다.

어떤 사람도 하나님이 눌러 진액을 빼는 경우가 없습니다.

그런 거짓말에 속으면 절대로 안 됩니다. 우리는 생각합니다.

'그 사람이 내게 기도를 부탁했어. 하나님의 진노를 거두어 달라고 금식하면서 간절히 기도해 달라는데 정말 그렇게 해야 되나?'

그리고는 잘 몰라서 그의 부탁대로 일단 기도하기 시작합니다.

"하나님, 그 사람에게 있는 하나님의 진노의 손을 거두어 주소서. 거두어 주소서. 제가 금식하며 간절히 기도합니다. 제발 거두소서."

그렇게 기도하면 안 됩니다.

그런 기도를 하다 보면 당신도 전염되어 이렇게 말하게 됩니다.

"맞아. 그 사람이 진노를 받아 저렇게 됐어. 나도 하나님의 진노를 받으면 어떻게 하지? 내게도 큰 병이나 사고가 나는 건 아닐까?"

성경은 분명히 말씀하기를 "죄인들이 받아야 될 진노를 하나님의 아들 예수 그리스도가 다 받았다. 하나님의 진노는 끝났다"고 했습니다. 하늘이 어두워지고 해도 빛을 잃었습니다. 하나님은 그분의 진노의 잔을 예수님에게 부으셨습니다. 예수님은 말씀하셨습니다.

"나는 내가 마셔야 할 잔이 있다. 내가 받아야 될 세례가 있다."

제자들은 멋도 모르고 말했습니다.

"주님, 저도 따라가겠습니다. 그 잔을 저도 마시겠습니다."

"아니야. 너희들은 내가 마시는 잔을 마실 수 없어. 내가 마시는 이 잔은 하나님의 진노의 잔이야. 나만 마실 수 있는 잔이야."

예수님은 겟세마네 동산에서 땀방울이 핏방울이 되도록 간절히 기도하셨습니다. 어떤 목사님은 기도하라며 이렇게 외칩니다.

"여러분, 우리는 매일 겟세마네 기도를 해야 합니다. 땀방울이 핏방울이 되도록 기도하세요. 매일 한 시간씩 그렇게 기도해야 시험에 들지 않고 성령 충만해집니다. 예수님이 세 번 동일한 말씀으로 그렇게 기도하셨으니 다 합치면 세 시간입니다. 우리는 매일 예수님처럼 하루에 세 시간씩 기도해야 시험에 들지 않습니다."

다 잘못된 가르침입니다. 절대로 그렇지 않습니다.

예수님은 성령 충만 받기 위해 겟세마네 기도를 한 것이 아닙니다. 시험에 들지 않기 위해 겟세마네 기도한 것도 아닙니다.

예수님은 우리의 진노를 대신 짊어지기 위해서 겟세마네 동산에서 땀방울이 핏방울이 되도록 우리 대신 기도하신 것이었습니다.

내가 10년, 20년 동안 매일 한 시간 이상, 세 시간, 다섯 시간 기도해도 땀방울이 핏방울이 된 적이 한 번도 없었습니다.

우리는 땀방울이 핏방울이 되도록 기도하는 것이 아닙니다.

"할 수만 있다면 이 잔을 내게서 옮겨 주소서. 너무 두렵습니다."

예수님은 진노의 잔이 너무 무서웠습니다. 큰 두려움에 빠져 불안과 두려움과 공포에 덜덜덜 떨면서 기도했습니다.

"아버지여, 아버지여, 이 잔을 할 수만 있다면 내게서 옮겨 주소서. 너무 두렵습니다."

진노와 심판과 형벌의 잔인데 예수님이 다 마신 것입니다.

요즘은 고통 없는 사형 방법을 많이 시행합니다. 가장 간단한 것이 독주사인데, 사형수는 고통을 거의 못 느끼고 즉시 죽습니다.

옛날의 교수형은 죄수의 목을 끈으로 묶고 그의 발을 받치고 있는 버킷을 차내 죽이곤 했습니다. 총으로 쏘거나 칼로 목을 쳐 사형시키기도 했습니다. 그런데 예수님은 왜 십자가에서 형벌을 겪었습니까? 예수님도 칼이나 독약으로 간단하게 죽을 수 있었습니다.

인류의 죽음 문제만 해결하려면 예수님이 일초 만에 간단하게 죽을 수 있었지만 예수님은 십자가에서 인류의 모든 형벌을 다 겪기로 하신 것입니다. 그 진노의 잔을 다 옮겨 달라고 기도한 것입니다.

"내 뜻대로 마옵시고 아버지 뜻대로 되기를 원하나이다."

우리가 의인이 되고 죄 사함 받고 하나님의 자녀가 된 것은 하나님의 어린 양이 우리 대신 피 흘려 죽었기 때문입니다. 하나님의 어린 양이 껍질이 벗겨 죽었기 때문에 그 껍질을 우리가 입게 되었습니다. 당신은 그리스도로 옷 입고 있기 때문에 의인이고 성령 충만하고 건강하고 부요하고 지혜롭고 평화롭고 생명을 가졌습니다.

당신은 그리스도로 말미암아 존귀한 사람이 되었습니다.

당신은 그리스도로 옷 입고 있다

당신은 지금 어떤 옷을 입고 있습니까?

값비싼 밍크코트를 걸쳤습니까? 아니면 고급 가죽옷이나 패딩을 입었습니까? 하나님이 보실 때는 그런 옷이 별로 크지 않습니다. 그런 옷은 이 땅에 살면서 몸이 있으니까 입는 것입니다. 하나님이 보실 때는 '그리스도'란 옷이 가장 비싸고 귀하고 좋은 옷입니다. 금 한 달란트가 20억 정도인데 이 옷은 억만 달란트보다 비쌉니다.

하나님이 당신에게 말씀하십니다.

"네가 그리스도로 옷 입고 있구나. 예수 그리스도를 믿고 세례 받은 사람은 주와 합한 사람이고 그리스도로 옷 입고 있다."

당신은 하나님의 어린 양 예수 그리스도로 옷 입고 있습니다.

"누구든지 그리스도와 합하기 위하여 세례를 받은 자는 그리스도로 옷 입었느니라."(갈 3:27)

예수 그리스도를 믿고 그분의 이름으로 세례 받은 사람은 예수 그리스도로 옷을 입게 된 것입니다. 자신에게 이렇게 말하세요.

"나는 예수 그리스도로 옷 입고 있다."

그러므로 하나님은 당신을 향해 이렇게 말씀하십니다.

"오, 저 사람은 예수처럼 의인이구나. 죄가 하나도 없구나. 과거와 현재와 미래의 죄까지 다 씻음 받았구나. 죄 사함을 받았구나."

죄가 없다는 것입니다. 그래서 "의롭다"고 칭하신 것입니다.

"죄에서 벗어나 의롭다 하심을 얻었음이라."(롬 6:7)

당신은 그리스도 안에서 의롭다고 칭함 받은 의인이 되었습니다. 그러므로 "나는 의인이다"라고 당당하게 말해도 됩니다.

마귀의 거짓말을 대적하라

당신은 마귀의 거짓말에 속지 않았습니까?

마귀는 그리스도인에게 "너는 죄인이야. 죄짓고 목마르고 병들고 가난하고 어리석고 징계를 받고 죽을 거야"라고 거짓말합니다. 그런 거짓말을 꾸짖으며 대적해야 합니다. "마귀야, 물러가라."

당신은 그리스도 안에서 새로운 피조물이고 의인입니다. 마귀의 말을 듣지 말고 하나님의 말씀을 듣고 자아상을 바꾸십시오.

마귀는 교만을 떨다가 하나님께 쫓겨났습니다.

예수님이 십자가에서 죽으시고 부활하실 때 그의 정사와 권세가 다 벗겨져서 무력화되고 구경거리가 되었습니다. "정사와 권세를 벗어버려 밝히 드러내시고 십자가로 승리하셨느니라."(골 2:15)

그런데 마귀는 거짓말을 합니다. 마귀는 거짓말쟁이요 거짓의 아비입니다. "저는 처음부터 살인한 자요 진리가 그 속에 없으므로 진리에 서지 못하고 거짓을 말할 때마다 제 것으로 말하나니 이는 저가 거짓말쟁이요 거짓의 아비가 되었음이니라."(요 8:44)

마귀는 사람들을 찾아가서 거짓말하므로 그의 영혼과 몸, 삶과 가정을 죽이고 도적질하고 멸망시키는 짓을 합니다. "도적이 오는 것은 도적질하고 죽이고 멸망시키려는 것뿐이요."(요 10:10)

칼을 들고 와서 협박하며 도둑질하는 것이 아닙니다. 가장 큰 도둑질은 거짓말해서 그 사람의 것을 다 속여 빼앗는 것입니다. 마귀는 거짓말쟁이입니다. 거짓의 아비입니다. 처음부터 살인자입니다.

마귀는 죽이고 도둑질하고 멸망시키는 일을 합니다.

마귀는 어떻게든 당신을 죽이려고 발광합니다. 그는 당신의 모든 것을 도둑질하려고 다가옵니다. 건강을 도둑질하고 재물을 도둑질하고 자녀를 도둑질하고 행복한 결혼 생활을 도둑질하고 모든 걸

다 도둑질합니다. 그리고 멸망시키는 것입니다. 망하게 만듭니다.

내가 귀신을 쫓다 보면 그들은 이렇게 말합니다.

"내가 이 년을 망하게 하려고 했는데, 망하게 하려고 했는데, 망하게 하려고 했는데 억울하다. 죽이려고 했는데, 나 안 나갈 거야."

귀신들은 세 가지를 말합니다.

"이 년을 죽이려고 했는데, 망하게 하려고 했는데, 다 도둑질해서 빈털터리 만들려고 했는데, 왜 나를 괴롭히고 쫓아내려고 해?"

위장을 도둑질하니까 종양이 생기고 뼈를 도둑질하니까 골다공증이 생깁니다. "이 악한 영아, 나가라" 하면 골다공증이 낫습니다. 30년 동안 절뚝거리며 제대로 못 걷던 사람인데 치료받습니다.

골다공증이 어떻게 순식간에 낫습니까? 기적입니다.

악한 영은 암으로 인간의 몸을 도둑질 해갑니다.

"악한 영아, 나가" 하면 악한 영이 암을 가지고 나가 버립니다.

또 악한 영은 사람의 몸을 꼬부라뜨립니다. 허리를 꼬부라뜨리고 손가락을 꼬부라뜨리고 발가락을 꼬부라뜨립니다. "이 악한 영아, 나가라" 하면 손가락과 발가락이 펴집니다. 굽은 허리가 펴집니다.

우리는 마귀에게 속지 말아야 합니다.

의사들은 의학적으로 "이게 무슨 병이다"라고 말하지만 실제로 그렇지 않습니다. 의사들은 수술로 혹을 제거합니다. 그 다음에 얼마 있지 않아 혹이 또 생기고 자꾸 생깁니다.

한 사람이 오줌을 못 눠서 날마다 큰 고통을 겪게 되었습니다.

오줌 잘 누는 것에 감사해야 합니다. 드라마를 보니까, 한 사람이 강아지를 키우는데 그 강아지가 똥을 누니까 칭찬했습니다.

"똥 잘 눴다. 수고했다. 잘했다."

그걸 본 아내가 남편에게 말했습니다.

"당신 말이야. 강아지에게 칭찬한 것처럼 나도 좀 칭찬해 줘."

신이 난 남편은 아내가 화장실에서 나오니까 말했습니다.

"당신 똥 잘 눴어. 수고했어. 잘했어."

그러자 아내가 화를 내며 말했습니다.

"아니, 그런 거 말고 모든 걸 좀 칭찬해 달라는 말이야."

"당신이 내가 키우는 강아지처럼 칭찬해 달라고 했잖아. 그러니까 똥 잘 눴다고 칭찬했는데 그게 왜 안 돼?"

똥 잘 눈 것도 칭찬해도 괜찮습니다.

똥 못 누는 사람, 변비에 걸린 사람이 많습니다.

3일에 한 번 똥 누고 일주일에 한 번 똥 누는 사람도 있습니다.

그런 사람은 일주일 내내 속이 더부룩하고 아랫배가 묵직합니다.

나는 몸이 항상 가볍습니다. 매일 똥을 잘 누니까요. 큰 복입니다. 요도에 결석이나 항문에 종양이 생겨 막힌 사람이 있습니다.

어떤 사람은 일주일 동안 소변을 한 번도 못 봐서 병원에 갑니다.

요도에 구멍을 뚫고 호스를 끼우고 봉지를 매답니다. 아파서 일어서지도 앉지도 못합니다. 정상적으로 오줌을 못 누는 것입니다. 그것이 6개월이 되고 1년이 됩니다. 오줌을 누게 하는 요도를 마귀가 도둑질한 것입니다. 의사는 결석을 완벽하게 제거했다고 합니다. 그런데 다음 날 또 생깁니다. 이해가 도저히 안 된다고 합니다.

"우리는 더 이상 할 수 없어요."

의사가 할 수 있는 것은 대부분 적출하는 것입니다.

"병을 치료하기 위해 간도 건드리고 위장도 건드리고 항문도 건드리고 다 건드렸는데 이제는 더 이상 건드릴 수가 없다."

그렇게 말합니다. 그런데 놀랍게도 그 사람에게 "악한 영아, 결석을 가지고 떠나가라" 하면 그 결석이 싹 사라집니다.

오줌 못 누면 얼마나 고통스러운지 모릅니다.

내 친구 한 명이 말했습니다.

"나 결석이 생겼어. 그걸 다 빼내야 한대. 너무 아파."

악한 영들이 병을 가져온 경우가 많습니다.

생활 습관이 잘못된 것은 고치면 됩니다. 밥을 못 먹었으면 챙겨 먹고 잠을 못 잤으면 방에 들어가 문 닫고 푹 자면 됩니다.

생활 습관과 상관없이 순간 생기는 병이 있습니다.

악한 영들이 가져온 것입니다. 악한 영이 신체 기관을 도둑질하고 죽이고 멸망시키려고 당신에게 몰래 다가온 것입니다. 그들에게 속지 말아야 합니다. 악한 영은 들어오기 전에 먼저 당신을 정죄합니다. 불안한 마음을 일으키며 스트레스를 받게 합니다.

"너는 오늘 직장에 3분이나 지각했어. 너는 죄인이야. 죽어야 해. 그 자리에서 쫓겨나야 해. 너는 곧 망할 거야."

교통 상황에 따라 3분 지각할 수도 있고 3분 빨리 갈 수도 있습니다. 3분 지각한 날보다 3분 빨리 간 날이 더 많잖아요. 그런 것으로 사람을 정죄하면 안 됩니다. 실수한 것 있으면 "죄송합니다"라고 말하며 사과하면 됩니다. 사람은 누구나 실수와 허물이 있습니다.

성경은 "예수님이 우리의 허물을 예수님이 다 짊어졌다"고 말씀합니다. "마땅히 형벌 받을 내 백성이 받을 허물 때문이라."

이사야 53장 8절을 보십시오.

"그는 곤욕과 심문을 당하고 끌려갔으나 그 세대 중에 누가 생각하기를 그가 살아 있는 자들의 땅에서 끊어짐은 마땅히 형벌 받을 내 백성의 허물 때문이라 하였으리요."

여기서 중대한 깨달음을 몇 가지 얻을 수 있습니다.

첫째, 하나님은 당신에게 곤욕을 주지 않습니다. 예수님이 당신 대신 곤욕을 다 받았기 때문입니다.

둘째, 하나님은 당신을 심문하지 않습니다. 예수님이 당신 대신 심문을 다 받았기 때문입니다.

셋째, 하나님은 당신을 끌고 다니며 매를 때리지 않습니다. 예수님이 당신 대신 끌려 다니면서 매를 다 맞았기 때문입니다.

넷째, 하나님은 당신을 끊어 내치지 않습니다. 예수님이 당신 대신 끊어 내친바 되었기 때문입니다.

다섯째, 하나님은 당신에게 형벌을 주지 않습니다. 예수님이 당신 대신 형벌을 다 받으셨기 때문입니다.

모든 사람은 다 허물이 있고 죄악이 있습니다.

그 모든 것을 예수님이 십자가에서 다 짊어지셨습니다.

지방에 사는 한 사람이 내게 와서 이런 말을 했습니다.

"제가 사명을 감당하지 못해서 하나님께 매를 맞았어요."

"무슨 사명인데요?"

"교회 청소를 해야 되는데 못했어요. 청소 시간에 두 번 빠지니까 그 다음부터 악한 영이 들어와서 매일 잠잘 때마다 괴롭혀요. 저를 막 때려요. '네가 사명을 감당 안 하니 하나님이 나를 보내 너를 때리라고 했다. 그러니 잠잘 때마다 너는 두드려 맞아야 한다. 왜 그때 교회에 가서 청소 안 했냐? 너는 실컷 맞아도 싸다'라고 말해요."

그는 자고 일어나면 온 몸이 두드려 맞은 것처럼 시퍼렇게 멍들어 있다고 했습니다. 악한 영이 시키는 대로 밤새 자기 손으로 자기 몸을 주먹과 손바닥, 막대기로 마구 때린 것입니다. 교회에 가서 안내하고 운전하고 성가대를 해야 되는데 제대로 봉사하지 못했다고 악한 영에게 정죄를 당하며 매를 맞고 시달리며 괴롭힘을 당하는 사람이 있습니다. 이것은 모두 악한 영의 거짓말에 속은 것입니다.

그리스도 예수 안에 있는 자에게는 결코 정죄함이 없습니다.

나도 성가대 10년 정도 봉사했는데 한두 번 빠진 적이 있습니다.

나도 모태 신앙으로 어릴 때부터 교회에 나가 예배했는데 수요일이나 주일 서녁 예배 같은 경우 몇 번 빠진 적이 있습니다. 30분 늦을 때도 있었고 예배 끝나기 전에 가서 축도만 받은 적도 있습니다.

그런 나 자신을 한 번도 정죄하지 않았습니다. 담임 목사님도 나를 보며 반기셨습니다. "그래도 안 온 것보단 낫다. 잘 왔어."

주일 낮 예배는 지각한 적이 없습니다. 왜냐고요? 내가 주일학교 교사였기 때문에 어린이 예배 시간에 맞춰 9시까지 갔던 것입니다.

주일학교 예배는 오전 9시에 시작했습니다. 나는 주일학교 부흥에 대한 열정이 넘쳐서 7시면 벌써 온 동네를 돌며 전도하고 내 반 아이를 심방해서 다 데리고 오곤 했습니다. 1월 1일에 한 명을 받아 시작한 내 반이 얼마 후엔 20명이 넘었습니다.

그래서 주일 낮 예배는 지각한 일이 없었지만 주일 저녁 예배나 수요일과 금요일은 그냥 일상 생활하다 편한 마음으로 갔기 때문에 늦은 적이 몇 번 있었습니다. 그래도 목사님은 좋아하셨습니다.

마귀는 끝도 없이 꼬투리를 잡아 정죄합니다.

율법주의 교회를 다니면 계속 정죄 받습니다.

"아니 말이야. 예배 시간에 맞춰 하나님이 문 앞에서 기다리고 계신데 왜 하나님을 기다리게 해요. 하나님이 꿀밤을 때리십니다."

이렇게 스티커를 붙여 놓은 교회도 있습니다.

"하나님을 기다리게 하지 맙시다. 지각하지 맙시다."

아닙니다. 하나님은 이미 우리 안에 계시고 우리가 언제든지 교회에 가면 하나님은 기뻐하십니다. 조금 늦어도 상관없습니다.

물론 예배 시간을 지키는 것은 예배에 대한 기본 예의입니다.

"우리가 이 시간에 함께 모여 예배합시다"라는 목사님과 성도들 간의 시간 약속인 것입니다. 그러므로 예배 시간을 잘 지키는 것이 좋습니다. 가장 좋은 것은 예배에 대한 뜨거운 열정입니다.

나는 뜨거운 열정으로 예배를 사모합니다. 그래서 30분이나 한 시간 전에 미리 가서 기도하고 성경을 읽습니다.

사람들은 다른 중대한 모임에 갈 때 미리 30분이나 한 시간 전에 갑니다. 예배는 그 어떤 모임보다 중대한 모임입니다. 그러므로 한 시간 전에 가서 교회 주변을 산책하거나 카페에 들어가 신앙 서적이나 성경책을 읽으며 여유롭게 기다리는 것이 좋습니다.

어떤 경우에든 시간 때문에 자신과 남을 정죄하면 안 됩니다.

마귀는 수시로 다가와서 정죄합니다.

"네가 청소 안 했지?"

"네가 주차 안내 안 했지?"

"네가 성가대 안 했지?"

"네가 설거지 안 했지?"

"네가 설거지 똑바로 안 했지?"

"네가 설거지해 놓고 배수구는 청소 안 했지?"

"네가 화장실 바닥을 똑바로 안 닦았지?"

그렇게 정죄하면 딱 걸리는 것입니다. 낚시 바늘에 걸린 물고기나 큰 그물에 걸린 물고기 떼처럼 정죄에 걸린 영혼들이 많습니다.

당신도 사람들의 말을 듣고 속지 말아야 합니다.

"제가 화장실 청소라는 사명을 제대로 감당 안 해서 하나님이 악령을 보내 저를 매일 두드려 팹니다. 고통스러워 죽겠습니다."

"그러면 가서 청소하면 되지 않느냐?"

"청소하기도 싫습니다. 저를 위해 금식하며 기도해 주세요."

악령이 그 사람을 속이는 것입니다.

그런 말 들었을 때 이렇게 대답하면 안 됩니다.

"안됐군요. 사명을 감당할 수 있도록 금식해 드리겠습니다."

그러면 좋은 사람, 착한 사람처럼 보이겠지만 함께 마귀에게 속는 것입니다. 금식 기도를 제대로 안 하면 함께 정죄 당할 것입니다. 사실 그 말의 의도를 자세히 살펴보면 이미 "네가 금식 기도 안 해서 그 사람이 그렇게 된 거야"라며 정죄 당하고 있는 것입니다.

자기도 금식 안하면서 다른 사람들보고 금식해 달라고 합니다.

성경에는 죄를 지은 사람 자신이 금식하고 회개했습니다.

국가적인 문제나 교회의 문제가 아닌 자신의 개인적인 문제를 놓고 다른 사람에게 금식해 달라고 부탁하는 것은 옳지 못합니다.

"아, 맞아. 내가 금식해 줘야 되는가 보다. 내가 그 사람을 위해 금식을 안 해서 그 사람이 하나님께 매를 맞고 있나 보다."

온갖 생각이 다 듭니다. 마귀에게 속으면 안 됩니다.

성경에 "네가 사명 감당 안 했으니 매를 맞는다. 다른 사람에게 금식 기도 부탁해라"는 말이 없습니다. 사명과 봉사는 다릅니다.

사명은 뭘까? 사도행전 20장 24절에 "나의 달려갈 길과 주 예수께 받은 사명"이라고 했습니다. 여기에 사명이 나옵니다.

사명은 무엇일까요? 은혜의 복음을 증언하는 일입니다.

"하나님께 받은 은혜의 복음을 증언하는 일을 마치려 함은 나의 생명조차 조금도 귀하게 여기지 아니하노라."

사명은 화장실 청소가 아닙니다. 안내 위원이나 성가대를 하는 것이 아닙니다. 식사 준비하고 설거지하는 것이 아닙니다.

사명은 무엇입니까? 주 예수께 받은 사명 곧 하나님의 은혜의 복음을 증언하는 일입니다. 이것을 꼭 기억하십시오.

"제가 차 운전을 해야 하는데 안 해서 하나님이 치셨어요."

"제가 화장실 청소해야 하는데 안 해서 치셨어요."

결코 그렇지 않습니다. 그건 사명이 아닙니다.

물론 "모든 일에 사명감을 가지고 일하라"는 것은 좋은 의도와 동기 부여이긴 하지만 우리가 분명히 알아야 할 건 사명은 '복음을 전하는 것'이고 다른 것은 모두 '봉사'라는 것입니다.

봉사는 청소, 설거지, 식사 대접, 주차 안내, 차량 운전, 헌금과 안내 위원, 성가대, 재정 관리 등입니다. 성경을 보면 "청소해라, 설거지해라"는 말이 안 나옵니다. 사도, 선지자, 복음 전도자, 목사, 교사, 이런 것들도 모두 봉사의 직무라고 말씀하고 있습니다.

하나님께서 우리를 충성스럽게 여겨서 여러 가지 봉사의 직무를 주시는데 그것이 무엇이라고요? "어떤 사람은 사도로 어떤 사람은 선지자로 어떤 사람은 목사로 어떤 사람은 복음 전도자로 어떤 사람은 교사로 주셨다"고 했습니다. 이것은 봉사의 직무이며 교회를 세우기 위한 섬기는 직무라고 했습니다. 직임은 사명이 아닙니다.

그러므로 "난 목사야" 그러면 이게 사명입니까? 아닙니다. 어떤 사람은 "나는 사명자의 길을 간다. 해외 선교사다"라고 말하는데 그것은 봉사의 직무이며 사명은 오직 '복음을 증언하는 것'입니다.

목사가 된 것은 봉사의 직무입니다. 봉사의 직무는 어떻게 해야 됩니까? 봉사하는 마음으로 해야 합니다. 직장에서는 월급을 받기 때문에 월급 주는 자가 시킨 일을 다 해야 합니다. 하지만 교회에서는 월급을 주지 않습니다. 그러므로 자원하는 마음, 즐거운 마음, 행복한 마음, 기쁜 마음으로 봉사해야 합니다.

"교회에서는 목사님께 생활비를 주지 않습니까?"

그래서 생활비를 받은 만큼 곧 사례비를 받은 만큼 일하는 분들이 있습니다. 그 사람들을 성경에서는 '삯꾼'이라고 말합니다.

삯꾼이 나쁜 뜻이 아니라 삯을 받고 일하는 사람입니다.

어떤 사람은 이렇게 말합니다. "나는 교회 전도사인데 한 달에 30만 원 받아. 선배 전도사는 50만 원 받아. 각자 주일학교와 학생부를 맡아서 섬기고 있어. 그러니까 우리 일은 아르바이트와 같아. 일주일에 한 번씩 설교하는데 한 달이 5주니까 50만 원 받는 거야."

그렇게 알바 마인드로 한 주 설교할 때마다 10만 원씩 계산하고 또 자신을 어떤 대기업의 직원처럼 생각하는 사람이 있는데 그 사람들은 모두 삯꾼인 것입니다. 작은 교회는 형편에 따라 사례비를 10만 원밖에 못 줄 수도 있습니다. 그렇지만 그 사람이 말씀을 전파할 때는 하나님의 성령을 힘입어서 담대히 아낌없이 전해야 합니다.

"난 10만 원 받았으니까 10분 동안만 설교해야지."

그런 게 아닙니다. 예수님은 삯을 따라 일하지 않았습니다.

그렇기 때문에 양 떼들이 몰려 왔을 때 해가 질 때까지 설교한 적이 있었고 수많은 병자들이 구름 떼처럼 밀려왔을 때 일일이 다 안수하셨던 것입니다. 예수님은 봉사의 직무로 그 일을 하셨습니다.

"해 질 무렵에 사람들이 온갖 병자들을 데리고 나아오매 예수께서 일일이 그 위에 손을 얹으사 고치시니……."(눅 4:40)

예수님의 사명은 무엇입니까?

천국 복음을 전파하는 것이었습니다.

나를 따라 말해 보십시오.

"사명은 복음을 전하는 것이다. 봉사는 섬기는 것이다."

사도 바울 같은 경우는 '천막 깁는 일'을 했습니다.

유대인들 중에 랍비들은 교육 받을 때 성경을 달달 외우게 합니다. 창세기, 출애굽기, 레위기, 민수기, 신명기를 다 외우게 합니다.

그 다음에 그들은 한 가지씩 전문 기술을 배우게 만듭니다. 그래서 바울도 랍비 교육을 받으면서도 천막 깁는 기술을 배웠습니다.

바울은 돈 문제에 있어 자급자족한 것입니다.

"나는 자비량으로 복음을 전한다."

그러면 대충 복음을 전했을까요? 아닙니다. 목숨 걸고 했습니다.

"나는 목숨을 다해서 복음을 전한다. 생명을 아끼지 않는다."

사명을 감당하지 못했다고 하나님이 자기를 쳤다는 것은 마귀의 거짓말입니다. 그런 거짓말을 받아들이면 안 됩니다. 그런 거짓말을 퍼트리면 안 됩니다. 그런 거짓말을 받아들여서 반응하면 안 됩니다. 생각을 바꾸십시오. 그런 말은 모두 마귀의 거짓말입니다.

사명은 복음을 전하는 것이고 그 외에 청소나 설거지나 차량 운행이나 안내는 모두 봉사의 직무입니다. 봉사의 직무는 자원하는 마음으로 즐거운 마음으로 행복한 마음으로 하면 되는 것입니다. 넘치게 할 수도 있고 좀 부족하게 할 수도 있습니다.

내가 좀 부족하면 다른 사람이 와서 하면 됩니다.

그깃 때문에 자기를 정죄하면 안 됩니다.

"그렇게 하니 고기를 잡은 것이 심히 많아 그물이 찢어지는지라. 이에 다른 배에 있는 동무들에게 손짓하여 와서 도와 달라 하니 그들이 와서 두 배에 채우매 잠기게 되었더라."(눅 5:6~7)

봉사의 직무는 구원의 즐거움과 자원하는 심령으로 해야 합니다.

봉사의 직무는 내가 부족하면 다른 사람이 도우면 되고 내가 아니어도 다른 사람이 와서 하면 됩니다. 어떻게든 일은 돌아갑니다.

마귀의 정죄에 빠지지 말고 거기서 나오세요.

마귀를 내쫓하세요. 악한 영을 쫓아내세요.

악한 영에 사로잡힌 사람이 거룩한 말을 하는 것처럼 보여도 반응하면 안 됩니다. 거룩하다고 해서 다 거룩한 것이 아닙니다.

점치는 귀신 들린 여종이 거룩한 말을 했습니다. "우리가 기도하는 곳에 가다가 점치는 귀신 들린 여종 하나를 만나니 점으로 그 주인들에게 큰 이익을 주는 자라. 그가 바울과 우리를 따라와 소리 질러 이르되 이 사람들은 지극히 높은 하나님의 종으로서 구원의 길을 너희에게 전하는 자라 하며 이같이 여러 날을 하는지라."

바울은 그 말을 듣고 공감하거나 반응하지 않았습니다.

바울은 하나님의 종이므로 귀신의 증언을 받을 필요가 없었습니다. 그는 오히려 여러 날을 시달리며 심히 괴로워했습니다.

"바울이 심히 괴로워하여 돌이켜 그 귀신에게 이르되 '예수 그리스도의 이름으로 내가 네게 명하노니 그에게서 나오라' 하니 귀신이 즉시 나오니라."(행 16:16~18)

당신은 영들이 하나님께 속하였는지 분별해야 합니다.

"사랑하는 자들아, 영을 다 믿지 말고 오직 영들이 하나님께 속하였나 분별하라. 많은 거짓 선지자가 세상에 나왔음이라."(요일 4:1)

마귀는 정죄를 통해 그의 졸개인 귀신을 붙입니다.

벽이 있습니다. 여기 아무리 옷을 걸려고 해도 걸 수 없습니다.

그런데 못이 박혀 있으면 지나가는 사람이 "못이 있네" 하며 옷을 겁니다. 가방도 겁니다. 그 못이 뭡니까? '정죄'라는 못입니다.

마귀는 정죄라는 못을 박고 귀신을 거는 것입니다.

정죄라는 미끼를 던져 그걸 물면 그때 귀신이 역사하는 것입니다. 그러므로 예수님은 병든 자들에게 이렇게 말씀하셨습니다.

"나는 너를 정죄하지 않는다."

"너의 죄 사함을 받았느니라."

"네가 깨끗함을 받았느니라."

마귀와 귀신들은 단순합니다. 어리석고 미련합니다. 그들이 굉장히 복잡하고 영리하고 똑똑한 것이 아닙니다. 진짜 똑똑하고 영리하고 섬세하신 분은 바로 성령님이십니다. 많은 사람들은 말합니다.

"마귀는 정말 영리해. 귀신들도 정말 똑똑해."

하지만 막상 귀신이 정체를 드러내며 쫓겨 나가는 걸 보면 압니다. "아이고 무서워라. 더 이상 여기 못 있겠네" 하며 나갑니다.

귀신은 아무 힘이 없습니다. 나는 의아하게 생각합니다.

'이렇게 쉽게 귀신이 나가는데, 왜 이 사람을 수십 년간 괴롭혔을까? 병들게 하고 정신 분열이 생기고 이혼하고 사고 나게 했을까?'

그 사람이 속은 것입니다.

"성령이 밝히 말씀하시기를 후일에 어떤 사람들이 믿음에서 떠나 미혹하는 영과 귀신의 가르침을 따르리라 하셨으니."(딤전 4:1)

"진 자는 이긴 자의 종이다"라고 했습니다. 귀신은 거짓말로 속여 사람을 이깁니다. 대단한 물리적인 힘이 있는 것이 아닙니다. 그러므로 속임을 당하면 지고 귀신의 종이 되어 끌려 다니게 됩니다.

복음에 굳게 서고 믿음을 굳건하게 하여 마귀를 대적하십시오.

"너희는 믿음을 굳건하게 하여 그를 대적하라."(벧전 5:9)

마귀의 거짓된 가르침에 속지 마십시오.

처음 교회 나온 사람들은 주일마다 교회에 가서 설교 말씀을 듣고 또 믿음의 책을 사서 부지런히 읽습니다. 성경 공부도 하고 신앙 상담도 합니다. 하지만 그 모든 것들을 마귀가 '정죄'와 결탁시켜 해석하게 만들면 끝장입니다. '정죄'라는 포장지를 씌워 주위 사람에게 퍼트리면 온 교회가 정신을 못 차립니다. 무슨 말을 들어도 전부 정죄와 결부시켜서 해석하게 만드는 것이 마귀의 짓입니다. 하나님은 우리가 무슨 말씀을 들어도 거기서 죄 사함을 선포하십니다. "이에 여자에게 이르시되, 네 죄 사함을 받았느니라."(눅 7:48)

당신도 죄 사함을 받았습니다. 이 사실을 믿으십시오.

"우리는 그리스도 안에서 그의 은혜의 풍성함을 따라 그의 피로 말미암아 속량 곧 죄 사함을 받았느니라."(엡 1:7)

이 말씀은 우리가 날마다 들어도 기쁜 말씀입니다.

어제도 "네 죄 사함을 받았느니라. 할렐루야!"

오늘도 "네 죄 사함을 받았느니라. 할렐루야!"

영원토록 "네 죄 사함을 받았느니라. 할렐루야!"

"예수 그리스도는 어제나 오늘이나 영원토록 동일하시니라."(히 13:8) 이 얼마나 기쁜 말씀입니까? 이미 2천 년 전에 십자가에서 다 완성된 것이지만 주님은 그렇게 말씀을 선포해 주십니다.

"사랑하는 아들아, 너의 죄 사함을 받았느니라."

"사랑하는 딸아, 너의 죄 사함을 받았느니라."

이미 받았으면 끝난 것 아닌가요?

"받았느니라"는 그 말씀이 항상 살았고 운동력이 있습니다.

이 말씀이 항상 나와 당신에게 붙어 있는 것입니다. 그래서 마귀가 정죄하려고 하면, 속이려고 하면 그때마다 "너의 죄 사함을 받았느니라. 너의 죄 사함을 받았느니라"는 말씀이 귀에 들려옵니다.

마태복음 9장 1절에 보면, 예수님께서 배에 오르사 건너가 본 동네에 이르셨습니다. 침상에 누운 중풍병자를 사람들이 데려왔습니다. 예수님께서 그들의 믿음을 보시고 중풍병자에게 말했습니다.

"작은 자야, 안심하라. 네 죄 사함을 받았느니라."

어떤 서기관들이 속으로 말했습니다.

'이 사람이 신성을 모독하도다.'

예수님께서 그 생각을 아시고 말씀하셨습니다.

"너희가 어찌하여 마음에 악한 생각을 하느냐? 네 죄 사함을 받았느니라 하는 말과 일어나 걸어가라 하는 말 중에 어느 것이 쉽겠느냐? 그러나 인자가 세상에서 죄를 사하는 권능이 있는 줄을 너희로 알게 하려 하노라."

그리고 중풍병자에게 말씀하셨습니다.

"일어나 너의 침상을 가지고 집으로 가라."

그가 일어나 집으로 돌아갔습니다. 무리가 보고 두려워하며 이런 권능을 사람에게 주신 하나님께 영광을 돌렸습니다.

죄 사함을 선포하면 병은 사라집니다.

못이 박혀 있는데 거기에 옷이 걸려 있습니다. 못을 빼 버리면 옷이 떨어집니다. 미끼를 가지고 낚시 바늘을 던졌는데 콱 물었습니다. 낚시 줄을 끊으니까 물고기가 자유로워졌습니다. 그러나 그 못자국은 남아 있고 그 물고기가 물었던 낚시 바늘 때문에 아가미에 구멍이 뚫려 있습니다. 이것은 무엇을 의미할까요? 정죄를 당한 뒤에 깨달음을 얻고 빠져나오는 것보다 정죄를 받지 않는 것이 더 중요하다는 말입니다. 사람들은 죄 짓는 것을 너무 쉽게 생각합니다.

'죄를 지어도 괜찮아. 회개하면 되잖아.'

아닙니다. 그렇게 죄를 짓고 회개하는 것이 아니라 죄를 짓지 않는 것이 중요합니다. 예수님은 "돌아가서 다시는 죄를 짓지 마라"고 하셨습니다. "죄를 지어도 괜찮다. 회개하면 된다"가 아니라 "죄를 짓지 마라"고 하셨습니다. 죄를 지으면 몸과 마음이 망가집니다.

"성경에서 금한 더러운 거라도 마음껏 먹고 몸이 다 망가져도 괜찮아. 나중에 병원에 가서 수술하면 돼. 위장을 다 잘라 내면 돼."

아닙니다. 주님은 말씀하길 "더러운 걸 먹지 마라. 깨끗한 걸 먹어라"고 하셨습니다. 영혼을 위한 양식도 깨끗한 걸 먹어야 합니다.

"유튜브든 무료 성경 공부 모임이든 함부로 돌아다니면서 아무거나 주워듣지 마라. 이단에 빠져 영혼이 병들면 끝장이다."

성경은 "네가 무엇을 듣는가 삼가고 오직 복음의 말씀을 들어라"고 했습니다. "지극히 작은 것이 온 덩이에 퍼져서 부패시킨다"고 했습니다. "너희가 작은 누룩, 바리새인의 누룩을 주의하라. 헤롯의 누룩을 주의하라"고 했습니다. 항상 깨어 있어야 합니다.

"율법주의 가르침을 주의하라."

"거짓된 가르침을 주의하라."

네이버나 다음, 텔레비전을 켜면 나쁜 소식을 많이 접하게 됩니다. 무고한 사람을 죽인 이야기, 죄 짓고 감방에 들어간 이야기, 사기 친 이야기, 도둑질한 이야기, 대형사고 난 이야기가 많습니다.

조금 성공했다 하면 사람들이 전부 달려들어 막 비난합니다.

"네가 얼마나 잘났느냐? 털어서 먼지 안 나는 사람 없다."

세상은 밤낮 서로를 비난합니다.

죄를 지은 사람이나 의인이나 다 비난합니다.

목이 마른 사람이나 성령 충만한 사람이나 다 비난합니다.

병든 사람이나 건강한 사람이나 다 악성 댓글 달며 비난합니다.

부요한 사람이나 가난한 사람이나 다 조롱하며 비난합니다.

어리석은 사람이나 지혜로운 사람이나 다 덤벼들어 비난합니다.

마음이 평화로운 사람이나 불안한 사람이나 다 비난합니다.

구원을 받은 사람이나 지옥 떨어진 사람이나 다 비난합니다.

왜 그럴까요? 마귀가 사람들을 통해 비난하면서 '정죄'라는 미끼를 자꾸 던지는 것입니다. 정죄라는 미끼를 물거나 그 덫에 걸리면 귀신이 붙습니다. 그런 나쁜 기사나 소설, 만화, 애니메이션, 텔레비전 뉴스, 인터넷 기사를 보면 정죄 의식이 묻어옵니다.

당신이 좋은 차를 몰고 다니면 사람들이 비난합니다.

그러면 '이런 차를 몰면 안 되나?'라며 정죄 의식이 생깁니다.

한 사람이 좋은 외투를 사서 입고 다닙니다. 사람들은 그 외투 가지고 비난합니다. 그러면 '나는 그런 외투를 입으면 안 되나?'라고 생각하게 됩니다. 사람들의 판단에 신경 쓰면 아무것도 못합니다.

우리의 판단은 오직 성경 말씀으로 끝내야 됩니다.

성경을 보세요. 다윗 왕도 노새를 탔고 사울도 노새를 탔습니다.

그의 아들도 노새를 탔습니다. 노새는 이동 수단으로 요즘 말하면 고급 승용차입니다. 그리고 솔로몬을 보세요. 솔로몬은 무역을 해서 어마어마한 돈을 거두어들였습니다. 하나님은 우리가 무역을 해서 많은 돈을 거두어들이길 원하십니다. 솔로몬은 땅도 많이 사고 집도 많이 짓고 수많은 직원들을 거느렸습니다. 하나님은 당신이 그렇게 살기를 원하십니다. 그런데 마귀는 '직원을 거느리면 되나? 네가 직접 가서 청소해야지. 직원에게 시켜도 되나?'라며 정죄합니다. 정죄 의식이 들 때 성경을 펴 놓고 읽으십시오. "그리스도

예수 안에 있는 자에게는 결코 정죄함이 없다.”(롬 8:1)

하나님은 성경 인물들에게 복을 주셨고 정죄하지 않으셨습니다.

그러므로 믿음의 조상들이 어떻게 살았는지 봐야 합니다.

“아브라함, 이삭, 야곱, 요셉, 모세, 다윗, 솔로몬, 수많은 사람들이 있어. 그 사람들 전체를 보면서 하나님은 내가 그렇게 살기를 원하신다고 믿어야 해. 뭐든지 하나님께 기도하고 받아 누려야 해.”

그렇지 않고. 한 가지만 보면서 생각이 갇히면 안 됩니다.

“나사로를 봐. 거지 나사로가 우리의 기준이야.”

그렇게 생각하면 바로 정죄를 받는 것입니다.

“거지 나사로처럼 아무것도 없어야 되는데…….”

“길거리에 앉아 구걸해야 되는데…….”

“사람들이 먹다 버린 돼지 뼈다귀를 먹어야 하는데…….”

“개처럼 헌데를 핥아야 하는데…….”

그렇지 않습니다. 거지 나사로가 우리의 롤 모델이 아닙니다.

그 이야기에는 아브라함과 나사로, 부자가 나옵니다. 그리고 아브라함과 함께 계신 하나님이 나옵니다. 그 하나님이 우리의 아버지이십니다. 아브라함은 믿음의 조상입니다. 나사로는 믿음이 있어 영혼은 구원받았지만 복을 못 받아서 평생 가난하고 병들게 살았습니다. 부자는 많은 돈을 벌었지만 믿음이 없어서 구원을 못 받았습니다. 아브라함은 믿음이 있어 영혼도 구원 받았고 하나님께 많은 복을 받아 거부가 되었습니다. 우리의 롤 모델은 아브라함입니다.

부자와 나사로 이야기에서 귀한 깨달음을 얻어야 합니다.

첫째, 우리는 창조주 하나님 아버지를 바라보아야 됩니다. 그분은 의롭고 부요하고 지혜로운 분이십니다. 우주의 재벌이십니다.

둘째, 우리는 아브라함을 모델로 삼아야 합니다. 왜 일까요?

우리가 나사로의 자손이 아닌 아브라함의 자손이기 때문입니다.

아브라함은 의롭게 살았고 하나님과 대면하여 친구처럼 사귀었고 건강하게 살았고 부요하게 살았고 지혜롭게 살았습니다. 그는 하나님을 경외했고 장수했습니다. 그는 175세까지 건강하고 부요하게 살았습니다. 아브라함은 선지자였고 이 땅에서도 큰 복을 받았습니다. 당신도 하나님이 이 땅에서 큰 복을 주실 것입니다.

셋째, 나사로가 가진 아브라함의 믿음을 본받아야 합니다.

나사로는 믿음으로 의로워졌습니다. 착한 일을 많이 안 해도, 고행과 도를 닦지 않아도, 거액의 기부와 헌금을 못해도, 몸이 병들고 가난해도, 오직 믿음으로 의롭다 함을 얻습니다. 이 세상을 살면서 모든 것을 받아 누리지 못한다 할지라도 꼭 한 가지는 가져야 합니다. 곧 "믿음으로 의롭다 함을 얻는다"는 가장 큰 복입니다.

이 세상의 삶은 점과 같이 잠깐 있다 사라집니다. 안개와 같고 풀잎과 같습니다. 하지만 영원한 삶은 끝도 없이 이어집니다. 그러므로 모든 것보다 우선으로 '믿음으로 의롭다 함'을 얻어야 합니다.

오늘 죽어도 천국에 가도록 영혼의 문제가 해결되어야 합니다.

나사로는 의롭다 함을 얻었지만 성경 전체에서 말하는 복음을 몰랐기 때문에 건강하고 부요하지 못했습니다. 가난하고 병들게 살았습니다. 병들고 가난하면 친구가 떠나갑니다. 나사로의 친구는 헌데를 핥는 강아지뿐이었습니다. 그래도 하나님이 계셨습니다.

하나님의 뜻은 그분의 자녀인 당신이 의롭고 성령 충만하고 건강하고 부요하고 지혜롭게 사는 것입니다. 아브라함이 이 복을 다 누리며 살았습니다. 이를 위해 하나님의 어린 양 예수 그리스도가 십자가에 매달려 피와 땀과 눈물을 쏟으며 값을 다 지불하고 죽으셨습니다. 그러므로 당신은 이 땅에서도 행복하게 살아야 합니다.

지옥같이 살다가 지옥에 가면 안 됩니다.

천국같이 살다가 지옥에 가도 안 됩니다.

지옥같이 살다가 천국에 가도 안 됩니다.

천국같이 살다가 천국에 가야 합니다.

이것이 하나님의 뜻입니다.

좋은 사람 콤플렉스에서 벗어나라

당신은 좋은 사람이 되려고 애쓰지 않습니까?

어떤 사람은 항상 남에게 줘야 한다는 부담을 갖고 있습니다.

"하나님은 주라고 했잖아요. 안 주면 싸대기 맞지 않나요?"

아닙니다. 물론 베풀기 위해 뭔가를 주는 것은 잘하는 일입니다.

그런데 하나님은 받아 누리는 것도 말씀하셨습니다. 그러므로 주는 것을 위해서만 기도할 것이 아니라 받는 것을 위해서도 기도해야 합니다. "하나님, 저에게 곧 후히 되어 누르고 흔들어 넘치도록 해서 안겨 주세요"라고 기도한 후에 그걸 받아 누리는 것이 하나님의 뜻입니다. "주라, 그리하면 너희에게 줄 것이니 곧 후히 되어 누르고 흔들어 넘치도록 하여 너희에게 안겨 주리라."(눅 6:38)

"십일조를 드리라고 했잖아요?"

네, 맞습니다. 하지만 드리는 것이 다가 아닙니다.

하나님은 하늘 문을 열고 복을 쌓을 곳이 없도록 부어 주는지 안 주는지 시험해 보라고 하셨습니다. 그 정도로 하나님은 당신에게 많은 복을 주기를 원하십니다. "만군의 여호와가 이르노라. 너희의 온전한 십일조를 창고에 들여 나의 집에 양식이 있게 하고 그것으로 나를 시험하여 내가 하늘 문을 열고 너희에게 복을 쌓을 곳이 없도록 붓지 아니하나 보라"(말 3:10)고 했습니다. 당신은 하나님이 주시는 복을 쌓을 곳이 없을 정도로 받은 적이 있습니까?

그 복은 지금 어디에 있습니까?

예수님을 팔고 자살한 가룟 유다를 보면서 "그렇게 살아야 해"라고 말하지 마십시오. 순교한 베드로와 바울처럼 살아야 됩니다.

마귀와 귀신들, 악한 영들은 단순하게 사람들을 속입니다.

우리는 그 속이는 궤계를 모르는 것이 아닙니다.

그것은 바로 정죄 의식입니다.

한 사람이 악령에 들려 심한 고통을 당했습니다.

그 악령이 쫓겨 나가면서 안 나가겠다고 소리를 질렀습니다.

"너 언제 들어왔어?"

"얘가 하나님께 인색할 때 들어왔지."

하나님께 인색할 때 왜 악령이 들어옵니까? 안 들어옵니다.

"헌금 시간에 내가 만 원 드려야 하는데 3천 원밖에 안 드렸어."

하나님께 인색한 걸 정죄한 거죠. 그때 귀신이 들어온 것입니다.

"내가 하나님께 복 받아서 빌딩을 샀어. 십일조를 드려야 하는데 부담이 돼. 십일조를 천만 원, 1억 벌 때는 드리기 쉬웠는데 이제 10억이 되니까 고민이 돼. 십일조를 안 드리면 안 될까?"

10억의 십일조는 1억이고 100억의 십일조는 10억입니다.

"10억이면 이걸로 아파트를 한 채 살 수 있는데" 하면서 인색해 진다는 말이죠. 그렇게 인색해졌다면 회개하고 성령님께 도움을 구하면 됩니다. 성령님은 성경 말씀을 깨닫게 하시므로 십일조를 즐거운 마음으로 내게 하십니다. "아들아, 크게 생각해라."

그것 때문에 자기를 정죄하면 바로 악한 영이 들어옵니다.

악한 영은 하나님께 인색했다고 들어오는 것이 아니라 자신을 정죄했기 때문에 들어오는 것입니다. 그런데 마귀는 속입니다.

"얘가 인색할 때 내가 들어왔지."

그러면 악한 영이 쫓아 낼 수가 없습니다.

집 팔아서 헌금을 드리면 하나님께 후해집니까? 헌금을 많이 드린다고 그 사람의 마음이 바뀝니까? 아닙니다. 사람의 마음은 하나님의 말씀을 듣고 은혜를 받으면 바뀌는 것입니다.

그러므로 우리는 절대로 자신을 정죄하지 말아야 합니다.

한 학생에게서 악령이 쫓겨 나갔습니다.

그는 큰 소리를 지르며 머리를 흔들며 괴로워했습니다.

"이 악한 귀신아, 너 언제 들어왔어?"

"아, 내가 말이야. 언제 들어갔냐면 얘가 학생부에서 단체로 금식 기도하러 산에 올라갔는데, 그때 혼자서 몰래 초코파이 한 개를 먹었지. 그때 내가 쏙 들어갔지. 얘는 죄를 지었으니 죽여 버릴 거야."

중고등부 학생들이 산에 올라가서 하루 금식하기로 했는데, 이

학생이 배가 너무 고파 몰래 뒤로 가서 초코파이를 먹었고 그 때 귀신이 들어왔다는 것입니다. 초코파이를 먹으면 귀신이 들어옵니까?

아닙니다. 그 순간 마귀가 와서 정죄한 것입니다.

초코파이를 한 개 먹든지, 열 개 먹든지 아무 상관없습니다.

"나는 한 끼도 금식 못해. 초코파이라도 먹어야겠다."

괜찮습니다. 성경에 없는 것을 너무 많이 할 필요 없습니다.

세례 요한의 제자들이 예수님의 제자들을 보며 "왜 금식 안 하냐?"고 묻자 예수님이 대답하길 "혼인집 손님들이 신랑과 함께 있을 동안에 슬퍼할 수 있느냐? 그러나 신랑을 빼앗길 날이 이르리니 그 때에는 금식할 것이다"(마 9:14~15)라고 하셨습니다.

제자들은 오순절에 성령을 받고 난 다음, 선교사를 파송할 때 3며칠 금식한 적이 있었습니다. "이에 금식하며 기도하고 두 사람에게 안수하여 보내니라."(행 13:3) "각 교회에서 장로들을 택하여 금식 기도 하며 그들이 믿는 주께 그들을 위탁하고."(행 14:23)

그들이 자신의 병 낫기를 위해 금식 기도한 적은 없습니다.

자신에게서 악한 영을 쫓아내기 위해 금식한 적도 없습니다.

하나님께 복 받기 위해, 능력 받기 위해 금식한 적도 없습니다.

한 목사님이 40일 금식 기도를 두 번 했는데 오히려 악령이 들어왔습니다. 40일 금식 기도 한다고 큰 능력을 받는 것이 아닙니다.

구약에는 모세가 십계명을 받기 위해 40일 금식했고 신약에는 예수님이 마지막 아담으로 오셔서 40일 금식하셨습니다. 우리는 하지 않아도 됩니다. 오직 예수님을 믿음으로 능력을 받습니다.

"너희에게 성령을 주시고 너희 가운데서 능력을 행하시는 이의

일이 율법의 행위에서냐 혹은 듣고 믿음에서냐?"(갈 3:5)

성령을 받는 것도 능력을 받는 것도 행위가 아닌 믿음입니다.

"우리가 이 보배를 질그릇에 가졌으니 이는 심히 큰 능력은 하나님께 있고 우리에게 있지 아니함을 알게 하려 함이라."(고후 4:7)

여기서 "우리에게 있지 않다"는 말은 "우리의 행위에 있지 않다"는 뜻입니다. 심히 큰 능력은 오직 하나님의 은혜에 있습니다. 하나님 자신이 이미 심히 큰 능력을 갖고 우리 안에 들어와 계십니다.

오직 믿음으로 성령을 받고 믿음으로 능력을 받는 것이지요.

그러므로 금식에 대한 부담을 갖거나, 금식을 안 했다고 정죄 의식을 느끼거나 하지 말아야 합니다. 그렇게 금식을 해야 된다고 주위에서 몰아붙이거나 하지도 말아야 합니다. 어떤 사람들이 와서 장기간 금식해야 된다며 당신을 속이면 절대로 속지 말아야 합니다.

"당신이 금식 기도 안 해서 내가 이렇게 고통당하는 거예요."

거짓말입니다. 미혹의 영과 귀신의 가르침에 속지 마십시오.

당신은 성령님이 이끄실 때만 금식하면 됩니다.

한 끼를 금식해도 되고 하루나 3일을 금식해도 됩니다.

주님은 "금식하지 않아도 믿음으로 기도하면 된다. 기도하고 구하는 것은 그 즉시 받은 줄로 믿어라"고 말씀하십니다.

기도에 푹 빠지면 먹는 것도 잊어버릴 때가 있습니다. 그러면 저절로 금식하게 됩니다. 나도 기도할 때 먹는 것에 매이지 않고 오직 기도에만 푹 빠지는데 오후 3시가 넘어서야 점심을 먹습니다.

사람은 한두 끼 굶어도 괜찮습니다. 21일이나 40일간 금식해도 물을 마시면 안 죽습니다. 자기 민족을 구원하기 위해 금식한 에스 더 같은 사람이 성경에 나옵니다. 성령님이 시키면 그때 금식하십시오. 사람의 말을 듣고 부담을 느끼며 금식하지 마십시오.

오직 성령님이 이끄시면 그때 하루 또는 일주일을 금식하십시오. 다니엘은 성령에 이끌려 마음에 작정하고 21일간 금식했습니다.

하나님이 시키지 않는 금식을 사람이 강요해서 하는 것은 오히려 시험에 들 수 있습니다. 우리는 금식을 통해 복 받는 것이 아니라 예수님을 믿음으로 복을 받습니다. 금식에 매이지 마십시오. 예수님은 광야에서 40일 금식하셨고 그 후로는 금식하지 않으셨습니다.

마귀와 악한 영들은 정죄 의식이라는 못을 가지고 공격합니다.

로마서 8장 1절에 "그러므로 이제 그리스도 예수 안에 있는 자에게는 결코 정죄함이 없나니 이는 그리스도 예수 안에 있는 생명의 성령의 법이 죄와 사망의 법에시 니를 해방하였음이라"고 했습니다. 죄와 사망의 법은 '율법'을 말합니다. 율법을 완벽하게 못 지키게 되면 정죄 의식을 갖게 되고 사망에 이르게 됩니다.

생명의 성령의 법은 '믿음의 법'을 말합니다. 그리스도 예수 안에 있는 생명의 법, 성령의 법 곧 믿음의 법을 붙들어야 합니다.

로마서 3장 27절에 '믿음의 법'에 대해 말씀합니다.

"그런즉 자랑할 데가 어디냐? 있을 수가 없느니라. 무슨 법으로냐? 행위로냐? 아니라. 오직 믿음의 법으로니라."

믿음의 법이 우리를 율법에서 해방했다고 말씀합니다.

로마서 8장 1절에 당신의 이름을 집어넣어서 말해 보십시오.

"그러므로 이제 그리스도 예수 안에 있는 OOO에게는 결코 정죄함이 없나니 이는 그리스도 예수 안에 있는 생명의 성령의 법이 죄와 사망의 법에서 OOO를 해방하였음이라.”

한 번 더 읽겠습니다. 가족이나 친구의 이름을 넣으십시오.

“그러므로 이제 그리스도 예수 안에 있는 OOO에게는 결코 정죄함이 없나니 이는 그리스도 예수 안에 있는 생명의 성령의 법이 죄와 사망의 법에서 OOO를 해방하였음이라.”

오늘부터는 더 이상 자신과 남을 정죄하지 마십시오.

그리스도 예수 안에 있는 자에게는 결코 정죄함이 없습니다.

당신은 하나님이 보실 때 의인입니다.

“의인이 믿음으로 살리라.”

군대 귀신도 정죄를 통해 들어온다

군대 같은 많은 귀신들도 정죄를 통해 들어옵니다.

율법 행위를 따라 자신을 정죄하면 군대 귀신이 들어오고 온갖 악한 영들이 역사하게 됩니다. 더 이상 정죄하지 마십시오.

그리스도 안에 있는 우리에게는 모든 병과 귀신이 불법입니다.

예수님이 우리의 연약함을 다 담당하셨습니다. 그가 채찍에 맞음으로 우리가 나음을 입었습니다. 예수 믿는 사람에게 암과 당뇨병 등이 생기는 것은 모두 불법이므로 예수 이름으로 꾸짖어야 합니다.

“예수께서 가까이 서서 ‘열병을 꾸짖으신대 병이 떠나고’ 여자가 곧 일어나 그들에게 수종드니라.”(눅 4:39)

예수님이 우리 대신 모든 형벌과 진노와 심판을 다 받았기 때문에 예수 믿는 사람에게 귀신이 붙는 것은 불법입니다. 예수 이름으로 명령하여 귀신을 쫓아내야 합니다. 주님께서 말씀하십니다.

"아들아, 어떤 일이 있어도 자신을 정죄하지 마라. 마귀의 거짓말에 속지 마라. 귀신의 가르침을 받지 마라. 주위 사람들의 말을 듣고 그 기준에 따라 자기의 기준을 맞추려고 너무 애쓰지 마라. 어떤 경우에도 네 마음에 정죄 의식이 생기는 일이 없도록 항상 성경을 묵상하고 성령님의 세미한 음성에 귀를 기울여라. 너는 의인이다."

예수님께서 당신의 죄와 목마름과 병과 가난과 어리석음과 징계와 죽음을 다 짊어지고 십자가에서 피와 땀과 눈물을 쏟으며 값을 다 지불하고 죽으셨습니다. 당신은 그리스도 안에서 새로운 피조물이 되었습니다. 의인이 되었습니다. 성령 충만합니다. 건강합니다. 부요합니다. 지혜롭습니다. 평화를 얻었습니다. 영원한 생명, 큰 생명, 새 생명을 얻었습니다. 당신 안에 하나님의 생명이 가득합니다.

그러므로 당신은 의롭게, 성령 충만하게, 건강하고 부요하고 지혜롭게, 하나님의 자녀답게 담대히 살면 됩니다.

1초도 정죄 의식에 사로잡히지 마십시오.

당신의 모든 죄는 예수님의 보혈로 깨끗이 씻음 받았습니다.

"우리는 그리스도 안에서 그의 은혜의 풍성함을 따라 그의 피로 말미암아 속량 곧 죄 사함을 받았느니라."(엡 1:7)

당신은 그리스도 안에서 '의인'입니다.

성령님, 많이 사랑합니다

당신은 성령님의 마음을 아십니까?

나는 성령님의 마음을 압니다. 성령님의 마음은 자비입니다.

내가 영으로 오래 기도하다 보면 어느 순간 울먹이며 성령님의 마음을 느끼게 됩니다. 성령님의 마음은 무엇일까요? 자비하심 곧 '나를 비롯한 모든 사람을 한없이 불쌍히 여기시는 마음'입니다.

그분은 여호와의 영이시며 자비롭고 인자하신 분입니다. 그분의 자비하심과 인자하심은 세상에 있는 어떤 산보다 높고 어떤 바다보다 넓습니다. 우주의 은하수와도 비교할 수 없을 정도입니다.

나는 성령님의 마음을 느끼며 기도합니다. 그리고 내가 아는 모든 사람들을 불쌍히 여기며 그들을 위해 눈물을 흘리며 기도합니다.

나는 돈 문제 때문에 울면서 기도하지 않습니다. "하나님, 더 많은 돈을 주세요. 결제할 것이 많아 힘들어요"라며 애원하지 않고 한 번 기도하고 구한 것은 받았다고 믿습니다. 그러면 기적이 일어납니다. 주님은 돈 문제에 대해 너무 고민하지 말라고 하십니다.

"아들아, 돈 때문에 고민하지 마라. 내가 다 채워 줄게."

그분은 어떻게든 당신에게 필요한 모든 돈을 다 채워 주십니다.

"나의 하나님이 그리스도 예수 안에서 영광 가운데 그 풍성한 대로 너희 모든 쓸 것을 채우시리라"(빌 4:19)고 했습니다.

아무것도 염려하지 마십시오. 당신은 결코 돈 때문에 망하지 않습니다. 주님이 어떻게든 당신의 모든 돈 문제를 해결해 주십니다.

당신과 함께 계신 하나님은 당신이 고민하는 모든 돈 문제보다, 사람과 사업 문제보다 억만 배나 크신 분입니다.

돈 문제나 사람 문제가 생겼다고 자신을 책망하지 마십시오.

하나님이 그 모든 것을 합력하여 선을 이루실 것입니다.

한 번 기도하고 구한 것은 이미 받았다고 믿으십시오.

당신의 마음을 돈에 두지 말고 성령님께 두십시오.

하루 종일 성령님만 사랑하십시오.

성령님께 푹 빠져 사십시오.

돈 문제는 하루 만에 해결된다

오늘도 돈 문제에 부딪혀 고민 중입니까?

하나님은 그 돈 문제를 하루 만에 다 해결해 주실 것입니다.

크게 생각하십시오. 기도하고 구한 것은 받은 줄로 믿으십시오.

당신 안에 아브라함, 이삭, 야곱, 요셉, 모세, 다윗, 솔로몬, 욥, 다니엘보다 억만 배나 크신 예수님이 실제로 살아 계십니다.

당신은 그리스도 안에서 억만장자입니다. 궁상떨지 마십시오.

당신은 만왕의 왕이신 하나님, 우주 만물을 창조하신 하나님의 자녀입니다. 그러므로 왕족답게 부요 믿음으로 살아야 합니다.

워렌 버핏은 2020년 1월~3월까지 최악의 실적을 기록해 497억 달러(59조 원)를 잃었지만, 그가 매입한 애플 주식이 상승해서 400억 달러(48조 원)를 벌어 손실의 상당 부분을 만회했습니다.

손정의도 2020년 1월~3월까지 1조 4381억 엔(16조 5천억 원)의 손실을 냈지만 다른 펀드에 투자해서 하루 만에 9억 3천만 달러(1조 1200억 원)를 벌었습니다. 당신도 그런 복을 받을 것입니다.

열방의 재물의 주인이신 하나님은 당신에게도 워렌 버핏이나 손정의처럼 하루 만에 큰돈을 주실 것입니다. 워렌 버핏이나 손정의는 1조 원 이하의 돈 때문에 낙심하고 힘들어하고 짜증내지 않습니다. 당신도 그런 작은 돈 때문에 기분이 상하지 말아야 합니다.

돈을 사랑치 말고 성령님을 뜨겁게 사랑하십시오. "돈을 사랑하지 말고 있는 바를 족한 줄로 알라. 그가 친히 말씀하시기를 내가 결코 너희를 버리지 아니하고 너희를 떠나지 아니하리라 하셨느니라. 그러므로 우리가 담대히 말하되 주는 나를 돕는 이시니 내가 무서워하지 아니하겠노라. 사람이 내게 어찌하리요 하노라. 하나님의 말씀을 너희에게 일러 주고 너희를 인도하던 자들을 생각하며 그들의 행실의 결말을 주의하여 보고 그들의 믿음을 본받으라. 예수 그리스

도는 어제나 오늘이나 영원토록 동일하시니라."(히 13:5~8)

성경에 나오는 믿음의 선배들 곧 아브라함, 이삭, 야곱, 요셉, 다윗, 욥을 생각해 보십시오. 그들의 행실의 결말을 주의하여 보고 그들의 믿음을 본받으십시오. 그들은 모두 큰 시련을 겪었지만 믿음과 오래 참음으로 마침내 하나님께 더 큰 복을 받았습니다.

"형제들아, 주의 이름으로 말한 선지자들을 고난과 오래 참음의 본으로 삼으라. 보라, 인내하는 자를 우리가 복되다 하나니 너희가 욥의 인내를 들었고 주께서 주신 결말을 보았거니와 주는 가장 자비하시고 긍휼히 여기시는 이시니라."(약 5:10~11)

받은 줄로 믿고 1년, 10년, 30년, 50년, 오래 참으면 좋은 결말을 얻게 될 것입니다. 당신은 시냇가에 심은 나무이므로 잎사귀가 말라 떨어지지 않고 바람에 따리 위 아래로 계속 팔락입니다. 그래도 괜찮습니다. 시간이 지나면서 철을 따라 많은 열매를 맺을 것입니다. 나는 '100년 마인드'를 갖고 자산가의 길을 가고 있습니다.

"나는 100년 동안 땅과 빌딩, 지분을 팔지 않는다."

100년 동안 매일, 매달 수많은 등락이 있겠지만 전체적으로 보면 상승하기 때문에 상관없습니다. 하루살이 인생이 되지 마십시오.

모든 일을 백배로 크게 생각하며 크게 멀리 내다보십시오. 옷과 신발은 10년이고 땅과 빌딩과 아파트, 각종 지분은 100년이지만 책은 천년입니다. 책을 써내며 천년 동안 남습니다. 책은 나의 분신이 되어 내 대신 전도하고 선교합니다. 당신도 책을 써내십시오.

책에 당신의 삶과 깨달음을 담아내면 자손 천대까지 복을 받을 것입니다. 자손에게 돈이 아닌 깨달음 곧 지혜를 물려주십시오.

돈은 정함이 없습니다. 돈에게 마음을 빼앗기지 마십시오.
돈을 좇아가지 마십시오. 돈은 저절로 들어옵니다.
시냇가에 심은 나무는 저절로 과실을 맺습니다.
당신은 시냇가에 심은 나무입니다.
시절을 좇아 과실을 맺습니다.
당신은 잘되고 있습니다.

작은 돈 때문에 기분 상하지 마라

어느 날, 성령님께서 내 마음에 이렇게 말씀하셨습니다.

'100억 이하의 돈에 대해서는 들어오든 나가든, 주위 사람으로부터 어떤 잔소리를 들어도 기분 상하지 마라. 항상 기뻐하라.'

당신도 돈 문제 때문에 너무 고민하지 말고 하나님의 뜻과 마음, 계획을 살피며 항상 크게 생각하기 바랍니다. 크게 생각하면 대부분의 문제는 쉽게 해결됩니다. 문제보다 백배로 크게 생각하십시오.

눈에 보이는 현상을 따라 살지 말고 하나님의 마음을 따라 사십시오. 하나님의 마음은 당신 자신을 불쌍히 여기는 것이고, 하나님의 뜻은 당신이 행복하게 사는 것입니다. 하나님의 계획은 당신이 하나님이 준비하신 모든 복을 하나도 빠짐없이 풍성히 받아 누리는 것입니다. 모든 일에 성령님과 함께 행하며 믿음으로 사십시오.

내가 돈과 사람 문제로 고민할 때 성령님께서 말씀하셨습니다.

"내가 너를 불쌍히 여긴다. 내가 그 사람을 불쌍히 여긴다. 너도 그 사람을 불쌍히 여겨라. 그런 문제로 고민하지 마라. 내가 어떻게든 다 해결해 줄게. 돈 문제도 하루 만에 다 해결해 줄게."

너무 염려하지 마십시오. 그분이 어떻게든 다 해결해 주십니다.

모든 문제는 결국 아침 안개처럼 다 사라집니다.

당신은 견고하게 서 있을 것입니다.

당신을 괴롭히는 사람을 축복하라

돈 문제로 당신을 힘들게 하는 사람이 있습니까?

그 사람을 불쌍히 여기십시오. 그의 이름을 불러 가며 축복 기도하십시오. 나는 그런 사람들의 이름을 불러 가며 축복합니다.

"전능하신 하나님, 그를 불쌍히 여기시고 복을 주옵소서."

그러면 당신의 가슴에서 그 사람을 향한 사랑이 강물처럼 흘러나오게 됩니다. 하나님께서 그 사람에게도 복을 주시고 당신에게도 복을 주실 것입니다. 그 사람의 행동을 이해하고 용서하십시오.

"너희 관용을 모든 사람에게 알게 하라. 주께서 가까우시니라. 아무 것도 염려하지 말고 다만 모든 일에 기도와 간구로, 너희 구할 것을 감사함으로 하나님께 아뢰라. 그리하면 모든 지각에 뛰어난 하나님의 평강이 그리스도 예수 안에서 너의 마음과 생각을 지키시리라."(빌 4:5~7)

당신을 괴롭히는 사람을 정죄하지 마라

당신을 괴롭히는 사람을 정죄하지 마십시오.

그 사람을 이해하고 용서하고 불쌍히 여기십시오.

성령님이 지금 당신 안에 강물처럼 가득히 들어와 계십니다.

성령님은 우주 만물의 주인이시며 부요하신 분입니다.

성령님의 마음으로 사람들을 너그럽게 대하십시오.

성령님은 당신을 하나님의 자녀로 낳아 주고 길러 주시는 분입니다. 그분은 당신이 힘들거나 괴로워할 때, 기뻐하거나 즐거워할 때 한순간도 떠나지 않고 늘 함께 계시며 당신을 측은히 여기십니다.

우리는 성경에서 욥의 인내를 가장 크다고 알고 있습니다. 하지만 욥의 인내보다 더 큰 인내는 주님의 인내하심입니다. 다음의 구절에서 앞의 '욥의 인내'와 뒤에 나오는 '주님의 인내'를 보십시오.

"보라, 인내하는 자를 우리가 복되다 하나니 너희가 욥의 인내를 들었고 주께서 주신 결말을 보았거니와, 주는 가장 자비하시고 긍휼히 여기시는 이시니라."(약 5:11)

욥의 인내보다 억만 배나 더 큰 것이 주님의 인내입니다.

주님은 가장 자비하시고 긍휼히 여기시는 마음으로 당신과 당신 주위의 모든 사람에 대해 인내하십니다. 주님은 욥과는 비교할 수 없을 정도의 큰 인내를 가진 분입니다. 가장 자비하시고 긍휼히 여기시는 분입니다. 주의 영이신 성령님은 내게도 한없이 자비하셨습니다. 당신도 사람들을 정죄하지 말고 불쌍히 여기십시오.

"내가 너를 불쌍히 여김과 같이 너도 네 동료를 불쌍히 여김이 마

땅하지 아니하냐 하고……."(마 18:33)

당신은 이미 많은 복을 받았다

하나님은 당신에게 복 주시는 분입니다.

당신은 이미 하나님께 많은 복을 받았습니다. 그러므로 사람들을 만날 때 "나는 많은 복을 받았어요"라고 말해야 합니다.

하나님이 주신 복 중에 가장 큰 복은 무엇일까요?

'죄 사함의 복'입니다. 구체적으로 살펴볼까요?

첫째, 예수님은 한 여자에게 죄 사함을 선언하셨습니다.

"이에 여자에게 이르시되, 네 죄 사함을 받았느니라."(눅 7:48)

둘째, 예수님 안에서 당신의 모든 죄도 사함 받았습니다.

"그 아들 안에서 우리가 속량 곧 죄 사함을 얻었도다."(골 1:14)

셋째, 우리는 예수님의 피로 말미암아 죄 사함을 받았습니다.

"우리는 그리스도 안에서 그의 은혜의 풍성함을 따라 그의 피로 말미암아 속량 곧 죄 사함을 받았느니라."(엡 1:7)

넷째, 그러므로 당신은 그리스도 안에서 의인입니다. '용서 받은 죄인'이 아닙니다. '용서 받은 의인'입니다. 이 사실을 기억하십시오. 의롭다 하심은 천국에 가서 받는 것이 아니라 이미 받았습니다.

"그리스도 예수 안에 있는 속량으로 말미암아 하나님의 은혜로 값없이 '의롭다 하심을 얻은 자' 되었느니라."(롬 3:24)

다섯째, 당신은 죄에서 벗어나 의롭다 하심을 얻었습니다. 그러므로 당신은 '죄성'이 있는 것이 아니라 '의성'이 있습니다.

"우리가 알거니와 우리의 옛 사람이 예수와 함께 십자가에 못 박힌 것은 죄의 몸이 죽어 다시는 우리가 죄에게 종 노릇 하지 아니하려 함이니 이는 죽은 자가 죄에서 벗어나 의롭다 하심을 얻었음이라."(롬 6:6~7)

여섯째, 당신은 그리스도 안에서 완전히 새 사람이 되었습니다.

"그런즉 누구든지 그리스도 안에 있으면 새로운 피조물이라 이전 것은 지나갔으니 보라 새 것이 되었도다."(고후 5:17)

일곱째, 당신에게 성령을 조금이 아닌 풍성히 부어 주셨습니다.

"우리 구주 예수 그리스도로 말미암아 우리에게 그 성령을 풍성히 부어 주사 우리로 그의 은혜를 힘입어 의롭다 하심을 얻어 영생의 소망을 따라 상속자가 되게 하려 하심이라."(딛 3:6~7)

지금 당신 안에 성령님이 가득히 들어와 계십니다.

예수를 구주로 믿어 죄를 사함 받고 성령으로 거듭나 하나님의 자녀가 된 사람에게는 성령이 풍성히 부어지며 그 결과 의와 평강과 희락이 넘치게 됩니다. 그러면 다른 복은 모두 저절로 따라옵니다. 성령님은 당신 안에 하나님의 의를 가지고 들어오셨습니다.

당신은 하나님이 보시기에 예수님과 같은 의를 가졌습니다.

당신은 '용서받은 죄인'이 아닌 '용서받은 의인'입니다.

당신은 노예가 아닌 아들이다

당신은 그리스도 안에서 의인입니다.

당신의 신분은 하녀나 노예가 아닌 아들입니다. "무릇 하나님의 영으로 인도함을 받는 사람은 곧 하나님의 아들이라. 너희는 다시 무서워하는 종의 영을 받지 아니하고 양자의 영을 받았으므로 우리가 아빠 아버지라고 부르짖느니라."(롬 8:14~15)

하나님께는 여자나 남자나 일반이며 모두 '아들'입니다.

당신은 하나님의 아들이자 그분의 상속자입니다.

"성령이 친히 우리의 영과 더불어 우리가 하나님의 자녀인 것을 증언하시나니 자녀이면 또한 상속자 곧 하나님의 상속자요 그리스도와 함께 한 상속자니 우리가 그와 함께 영광을 받기 위하여 고난도 함께 받아야 할 것이니라."(롬 8:16~17)

상속자는 이 땅에서도 모든 것을 누릴 자격이 있습니다.

하나님은 당신이 이 땅에서 의와 성령 충만, 건강과 부요함, 지혜와 평화와 생명을 풍성히 받아 누리기를 원하십니다. 그런데 왜 많은 사람들이 이러한 '그리스도 안에서 받아 누리는 풍성한 복'을 누리지 못하는 걸까요? 날마다 자신을 바라보며 자신을 책망하기 때문입니다. 자신을 바라보지 말고 예수님을 바라보아야 합니다.

예수님은 지금 당신 안에 실제로 살아 계십니다.

"믿음의 주요 또 온전하게 하시는 이인 예수를 바라보자. 예수 그리스도께서 너희 위에 계신 줄을 너희가 스스로 알지 못하느냐?"(히 12:2, 고후 13:5)

예수님을 모신 사람, 예수님 안에 있는 사람은 의인입니다.

그러므로 어떠한 경우에도 자신을 정죄하지 말아야 합니다.

"그러므로 이제 그리스도 예수 안에 있는 자에게는 결코 정죄함이 없나니 이는 그리스도 예수 안에 있는 생명의 성령의 법이 죄와 사망의 법에서 너를 해방하였음이라."(롬 8:1~2)

허물과 실수가 있어도 의인이다

실수와 허물이 있어도 자신과 남을 정죄하지 마십시오.

우리 모두는 험난한 인생을 살면서 실수와 허물이 있습니다.

나는 그동안 많은 실수와 허물, 연약함과 부족함이 있었습니다.

성령님은 그런 나를 불쌍히 여기며 오래 참으셨습니다. 성령님은 성경에 나오는 아브라함, 이삭, 야곱, 요셉, 모세, 다윗, 솔로몬, 욥 등 믿음의 사람들에 대해서도 불쌍히 여기며 오래 참으셨습니다.

나도 아담처럼 하나님이 "먹지 말라"고 하신 것을 먹고 몸과 마음이 많이 아픈 적이 있었습니다. 하지만 성령님은 나를 불쌍히 여기시고 내 몸을 치료해 주셨습니다. 나도 아브라함처럼 "네가 큰 민족의 조상이 되리라. 네 자손이 하늘의 별과 같고 바닷가의 모래알 같이 많아지리라"는 큰 꿈과 언약을 받고도 빨리 안 이루어진다고 힘들어한 적이 여러 번 있었습니다. 하지만 성령님은 나를 불쌍히 여기시고 내 마음을 붙들어 주셨습니다. 나도 야곱처럼 7년, 7년, 14년 동안 일했지만 빈손이었습니다. 하지만 성령님은 나를 불쌍히 여기시고 6년 만에 부요하게 하셨습니다. 그 외에도 요셉, 모세, 다윗, 솔로몬, 베드로, 요한의 예를 다 들자면 지면이 모자랄 것입니다. 나는 천천히 복을 받았지만 백 배, 천 배의 복을 받았습니다.

당신에게도 하나님이 천배의 복을 주시기를 기도합니다. "너희 조상의 하나님 여호와께서 너희를 현재보다 천 배나 많게 하시며 너희에게 허락하신 것과 같이 너희에게 복 주시기를 원하노라."(신 1:11) 당신을 억만 번이나 축복합니다.

꼴찌 하던 내게 지혜를 주신 성령님

하나님은 그동안 내게 어떤 복을 주셨을까요?

전교에서 꼴찌 하던 내게 천재적인 지혜를 주셨습니다.

말더듬이었던 내게 딕월한 강연력과 설득력을 주셨습니다.

보증금 300만 원에 월세 30만 원 내며 지하에 살던 내게 작가와 강연가, 사업가와 자산가, 천재와 대부호의 길을 걷게 하셨습니다.

성령님은 나의 부족하고 연약한 것들을 하나씩 바꾸셨습니다.

물론 그렇게 복을 받기까지 수십 년의 세월이 흘렀습니다.

때로는 하나의 깨달음을 얻는데 10년이나 걸리기도 했습니다.

성령님은 그런 나에 대해 불쌍히 여기며 오래 참으셨습니다.

그리고 내게 너그러운 마음을 가지라고 말씀하셨습니다.

"아들아, 내가 너에 대해 오래 참는 것처럼 너도 너 자신과 네 주위의 모든 사람들에 대해 오래 참아라. 그들을 정죄하지 마라."

꿈과 소원에 대해서도 동일한 말씀을 하셨습니다.

"아들아, 내가 너의 꿈과 소원에 대해 오래 참는 것처럼 너도 너의 꿈과 소원에 대해 오래 참고 기다려라. 내가 반드시 이루어 주겠다. 꿈과 소원이 더디 이루어진다고 너 자신을 정죄하지 마라."

왜 성령님은 하루 만에 모든 것을 주시지 않고 몇 년, 몇 십 년의 오래 참는 과정을 거치게 하실까요? 그것은 곧 나로 하여금 온전하고 구비하여 모든 것에 부족함이 없게 복을 주시기 위함입니다.

하나님은 당신에게도 모든 복을 빠짐없이 주실 것입니다.

이 사실을 믿고 조금도 의심하지 마십시오.

시험 당할 때 자신을 책망하지 마라

당신은 지금 어떤 시련을 겪고 있습니까?

여러 가지 시험을 당할 때 자신을 정죄하지 말아야 합니다.

야고보 사도는 '인내의 필요와 목적'에 대해 이렇게 말했습니다.

"내 형제들아, 너희가 여러 가지 시험을 당하거든 온전히 기쁘게 여기라. 이는 너희 믿음의 시련이 인내를 만들어 내는 줄 너희가 앎이라. 인내를 온전히 이루라. 이는 너희로 온전하고 구비하여 조금도 부족함이 없게 하려 함이라."(약 1:2~4)

여기서 우리는 몇 가지 중대한 깨달음을 얻어야 합니다.

첫째, 여러 가지 시험을 당하면 불평과 원망, 슬픔과 근심에 빠지지 말고 온전히 기쁘게 여겨야 합니다. 그 모든 시험보다 억만 배나 크신 예수님이 당신 안에 실제로 살아 계시기 때문입니다.

둘째, 믿음의 시련이 인내를 만들어 낸다고 했습니다. '소망의 시련'이 아닌 '믿음의 시련'입니다. 소망의 시련은 '안개 같은 마음으로 막연한 희망을 품고 기다리는 것'입니다. 그에 비해 믿음의 시련은 '햇볕 같은 마음으로 기도하고 구한 것을 받았다고 확실히 믿는 것'입니다. 조금도 의심하지 않고 완전히 믿는 것입니다.

요셉은 자신의 꿈에 대해 시간과 공간을 초월해 성령 안에서 이미 받았다고 완전히 믿었습니다. 그래서 그는 꿈을 꾼 후에 "형들이 내게 절할 것이다"가 아닌 "형들이 내게 절했다"고 말했던 것입니다. 그로 인해 엄청난 시련이 왔습니다. 믿음에는 시련이 옵니다.

셋째, 믿음의 시련은 인내를 만들어 냅니다. 당신이 꿈꾼 것이 이루어졌다고 믿고, 기도하고 구한 것을 받았다고 믿으면 믿음의 시련이 오고 믿음의 시련은 인내를 만들어 냅니다. '믿음과 인내'는 동전의 양면과 같습니다. 성령님과 함께 행복한 마음으로 인내의 시간을 거치면 믿음의 시련이 믿음의 실상으로 바뀝니다. 조급해하지 말고 여호와 앞에 잠잠히 참아 기다리십시오.

넷째, 인내를 온전히 이루어야 합니다. 아브라함은 인내를 온전히 이루지 못하고 인간적인 방법을 썼습니다. 그는 기다리다 지쳐 하나님의 언약을 의심했고 그로 인해 성령님을 근심시켰습니다.

"10년을 기다렸는데 내 인생에 아무런 변화가 없잖아. 도대체 전능하신 하나님은 어디 계신 거야? 그분의 언약은 왜 빨리 안 이루어지는 거야? 에이, 모르겠나. 여종 하갈을 통해 아이를 가져야겠다."

당신도 그런 마음을 갖고 있지 않습니까? 인내를 온전히 이루십시오. 하나님은 그렇게 해서 아이를 가진 아브라함에게 "너는 내 앞에서 완전하라"고 하셨습니다. 이것은 '율법적으로 완벽하라'는 것이 아니라 '하나님 앞에서 살며 언약을 완전히 믿으라'는 뜻입니다.

그는 의심하고 실수했지만 하나님은 그를 불쌍히 여기셨습니다.

다섯째, 여러 가지 시험과 인내의 목적은 "너희로 온전하고 구비하여 조금도 부족함이 없게 하려는 것이다"라고 하셨습니다. "온전하다"는 말은 '본바탕 그대로 고스란하다'는 뜻인데, '하나님과 하나님의 언약을 의심치 않고 고스란히 믿는다'는 의미입니다.

하나님이 기뻐하시는 믿음은 바로 이런 '온전한 믿음'입니다.

"구비하다"는 말은 '하나도 빠짐이 없이 다 갖춘다'는 뜻입니다. 예를 들면, 은행에서 대출을 받을 때 "필요한 서류를 구비하세요"라고 말하는데 그것은 곧 '하나도 빠뜨리지 말고 완벽하게 다 갖추라'는 뜻입니다. 이것은 당신이 갖추는 '율법적인 행위의 완벽함'이 아니라 하나님이 갖추는 '복음적인 은혜의 완벽함'을 말합니다.

하나님은 당신에게 의와 성령 충만, 건강과 부요, 지혜와 평화와 생명을 하나도 빠짐없이 다 갖추도록 복을 주시는 분입니다. 그분은 당신으로 하여금 생명을 얻되 풍성히 얻게 하시는 분입니다. 이를 위해 예수 그리스도가 십자가에 달려 피와 땀과 눈물을 흘리며 값을 다 지불하고 "다 이루었다"(요 19:30)고 외치며 죽으셨습니다. 그분은 당신의 삶을 비옥하게 하려고 당신의 죄와 목마름, 병과 가난, 어리석음과 징계와 죽음을 다 짊어지고 비참하게 죽으셨습니다.

당신을 향한 하나님의 절대적인 뜻은 '비참한 삶'이 아닌 '비옥한 삶'입니다. 이 책을 통해 당신은 죄와 목마름, 병과 가난, 어리석음과 징계와 죽음의 비참한 삶을 청산하게 될 것입니다. 의와 성령 충만, 건강과 부요, 지혜와 평화와 생명을 풍성히 누리는 비옥한 삶을 살게 될 것입니다. 이것이 당신을 향한 하나님의 뜻입니다.

　하나님은 당신이 하나도 빠짐없이 복을 받도록 사랑하십니다.

　예수님은 당신이 하나도 빠짐없이 복을 받도록 죽으셨습니다.

　성령님은 당신이 하나도 빠짐없이 복을 받도록 일하십니다.

　주님은 시련을 겪고 있는 당신을 한없이 불쌍히 여기십니다.

　시련 중에도 여전히 하나님은 당신과 함께 계십니다.

　시련 중에도 여전히 당신은 의인입니다.

　시련 중에도 자신을 정죄하지 마십시오.

　당신은 그리스도 안에서 의인입니다.

　하나님이 지금도 일하고 계십니다.

　시련은 곧 끝날 것입니다.

　당신은 승리했습니다.

나는 이미 많은 복을 받았다

이미 많은 복을 받았다는 사실을 깨달아라

당신은 없는 것 때문에 힘들어하지 않습니까?

있는 것을 세어 보며 하나님께 억만 번이나 감사하기 바랍니다.

아이들이 어릴 때 집 앞의 피아노 학원 원장님과 가끔 차를 마시며 교제를 나누곤 했습니다. 그분은 나이가 60이 넘었지만 자기 관리를 잘 해서 건강미가 넘쳤고 겉으로 보기에는 전혀 고생한 흔적이 보이지 않았습니다. 어느 날 그분이 자신의 어려웠던 시절에 대해 이야기하면서 어떻게 그것을 극복했는지 간증했습니다.

남편과 이혼하고 아들을 홀로 키우자니 경제적으로 정신적으로 너무 힘들어 지칠 대로 지친 어느 날, 더 이상 살고 싶지 않다는 생각까지 들어 어깨를 늘어뜨리고 길을 걷고 있었는데 갑자기 옆 건물에서 찬양 소리가 들렸다고 했습니다. 이런 내용이었습니다.

"받은 복을 세어 보아라."

그 순간 자신의 어려운 현실만 보고 낙심하고 좌절했던 자신의 잘못된 모습을 발견하게 되었고 그동안 자신의 인생에 하나님이 주신 복이 엄청나게 많았다는 사실을 깨닫게 되었습니다. 그 복을 하나씩 떠올리며 세고 또 세어보았는데 끝도 없었습니다.

당신도 어려운 현실만 보지 말고 받은 복을 세어보십시오.

그리고 하나님께 감사하고 또 감사하십시오. 억만 번이나 감사하십시오. 나에게 주어진 것을 감사하는 사람은 더 많이 받게 됩니다.

아무리 큰 것이 주어져도 감사하지 않고 투덜대는 사람은 있는 것도 빼앗기게 됩니다. 투덜대는 이유는 남과 비교하기 때문입니다.

당신 주위에 누가 자꾸 투덜댑니까? 그를 멀리 하십시오.

그런 사람과 말을 섞으면 당신도 투덜대기 시작할 것입니다.

행복한 사람과 말을 섞으면 행복해지고 불행한 사람과 말을 섞으면 불행해집니다. 주어진 선물에도 감사하지 않고 부정적으로 반응하는 사람과는 '거리 두기'를 하는 것이 서로에게 유익합니다.

먼지를 털어 내듯이 부정적인 반응들을 털어 내십시오. 당신은 사람들을 만날 때 말을 조심하십시오. 작은 것에도 감사하고 어떤 상황에서도 부정적인 말은 입 밖에도 내지 마십시오.

가끔 속상한 일이 있거나 어려운 일이 있어도 긍정적인 말, 믿음의 말만 해야 합니다. 왜일까요? 당신이 내뱉는 말들이 사라지지 않고 돌고 돌아 결국 당신에게로 다시 오기 때문입니다.

많은 사람들이 아무 생각 없이 함부로 말을 내뱉습니다.

"입술의 말에는 권세가 있어서 그 말이 하나도 땅에 떨어지지 않고 모두 열매를 맺고 돌아온다"고 성경은 말씀하고 있습니다.

"사람의 입에서 나오는 말의 열매가 사람의 배를 채워 주고, 그 입술에서 나오는 말의 결과로 만족하게 된다."(잠 18:20 새번역)

그 사람이 평소에 내뱉는 말에 따라 인생도 달라진다는 사실을 명심해야 합니다. 감사하고 믿음의 말을 하면 감사가 더 넘치는 행복을 누리지만 불평하고 투덜대는 사람은 아무리 좋은 것이 주어져도 만족하지 못하기 때문에 늘 불행하게 살게 됩니다.

나와 남편은 결혼하는 순간부터 서로 믿음의 말만 하자고 약속했습니다. 때로는 현실이 힘들고 고통스러워도 하나님의 이끄심을 믿기에 결코 불평하지 않고 늘 감사의 말만 했습니다. 주변 사람들은 우리가 하는 일마다 별 문제없이 잘되고 있다고 생각했습니다. 하지만 우리는 많은 굴곡을 경험하며 서서히 성장했습니다.

우리는 하나님만 의지하고 주변 사람을 의지하지 않았습니다.

당신도 사람을 의지하려 하지 말고 하나님만 의지하십시오.

사람을 의지하면 그에게 잘 보이기 위해 쩔쩔매야 합니다.

사람의 도움을 구하려면 사람 앞에서 약한 모습을 보여야 합니다. 사람의 손길을 얻으려면 사람의 긍휼을 구해야 합니다.

그러면 당신의 주인은 하나님이 아니라 그 사람이 됩니다.

그러다 당신이 원하는 대로 안 되면 투덜대고 불평하게 됩니다.

하나님의 자녀인 당신은 진정으로 당신을 도울 수 있는 분 곧 하나님 아버지만 의지해야 합니다. 사람들은 당신을 끝까지 책임질 수 없습니다. 오직 하나님 아버지만이 당신을 영원히 책임져 주실 수 있습니다. "내 평생 하나님만 의지하리라"고 결단하십시오. 하나님은 백발이 되어도 당신을 버리지 않고 끝까지 책임지십니다.

"하나님이여, 내가 늙어 백발이 될 때에도 나를 버리지 마시며 내가 주의 힘을 후대에 전하고 주의 능력을 장래의 모든 사람에게 전하기까지 나를 버리지 마소서."(시 71:18)

그리스도 안에 있는 자신을 발견하라

그리스도 안에 있으면 생각만 해도 그분이 다 이루어 주십니다.

왜일까요? 하나님이 내 꿈과 소원을 이루시고 내 모든 필요를 채워 주시는 분이시기 때문입니다. 밤낮 울며 빌지 않는데 생각만 해도 넘치도록 이루어진다고요? 그렇습니다. "우리 가운데서 역사하시는 능력대로 우리의 온갖 구하는 것이나 생각하는 것에 더 넘치도록 능히 하신다"(엡 3:20)고 성경에 말씀했기 때문입니다.

당신도 오늘부터 생각하는 모든 것이 이루어진다고 믿으십시오.

우리는 시냇가에 심긴 나무입니다. 저주의 땅에서 뿌리째 뽑혀 그리스도의 생명수 강가에 심겨졌습니다. 그러므로 내가 무엇을 하던 하지 않던 내 노력과 상관없이 하나님은 계속 복을 주고 계십니다. 내가 하루 종일 하는 가장 큰 일은 내 안에 실제로 살아 계신 예수 그리스도를 믿는 일입니다. 이보다 더 중대한 일은 없습니다.

당신은 하나님의 일이 무엇이라고 생각합니까?

사람들이 예수님께 물었습니다.

"우리가 어떻게 하여야 하나님의 일을 하오리이까?"

예수님께서는 놀라운 대답을 하셨습니다. "하나님께서 보내신 이를 믿는 것이 하나님의 일이니라."(요 6:28~29)

그렇습니다. 빽빽한 스케줄을 따라 하루 종일 땀 흘리며 바쁘게 뛰어다닌다고 복을 받는 것이 아닙니다. 믿음으로 복을 받습니다.

시냇가에 심긴 나무와 같은 인생은 저절로 잘 됩니다.

이런 사람은 성령님의 인도를 따라 살기 때문에 행복합니다.

믿음을 통해 저절로 성령님의 수액을 공급 받기 때문입니다.

나는 시절을 좇아 저절로 과실을 맺고 있습니다. 여기에 대해 더 자세히 알고 싶으면 내가 쓴 책 〈저절로 잘 되는 나〉를 읽어보기 바랍니다. 나는 하루 종일 성령님을 바라보며 그분을 사랑합니다.

성령님은 내 안에 가득히 계시고 나를 덮고 계십니다.

나는 입을 열어 이렇게 중얼거립니다.

"성령님, 많이 사랑합니다."

성령님은 질투하시는 분이다

당신은 세상에서 누구를 가장 사랑합니까?

나는 성령님을 가장 좋아하고 많이 사랑합니다.

성령님은 나의 애인이자 친구이자 코치이십니다.

성령님은 나의 하나님이십니다. 그분은 나를 독생자처럼 사랑하시며 내가 그분과 일대일 관계를 맺고 그분만 사랑하길 바라십니다.

하나님 외에 그 어떤 존재도 더 사랑하면 안 됩니다.

하나님은 질투하시는 분입니다.

"너는 다른 신에게 절하지 말라. 여호와는 질투라 이름하는 질투의 하나님임이니라."(출 34:14)

각자의 스타일을 인정하고 받아들여라

당신은 자신을 누구라고 생각합니까?

당신 안에 예수 그리스도가 살아 계시면 당신은 하나님의 소중한 자녀입니다. 하나님의 자녀는 하나님만 의지해야 합니다.

나는 하나님 안에서 유일무이한 존재입니다.

나는 그 누구의 것도 아닌 오직 하나님께만 속해 있습니다.

내 안에 성령님이 천국을 가지고 들어와 계십니다. 나의 가장 든든한 백은 우주 만물의 주인이신 하나님 아버지십니다.

그러므로 그 누구의 눈치도 볼 필요가 없습니다.

사람의 눈치를 보는 사람은 하나님의 종이 아닙니다.

하나님의 종은 하나님 눈치만 봐야 합니다.

당신은 누구의 눈치를 봅니까?

나는 예전에 남들을 위해 살며 나 자신을 억누르고 남들과 다르게 보이기를 두려워하고 주저했습니다. 혹시 나를 미워하는 사람이 생기면 어떡하나 하며 초조한 마음이었습니다. 그러던 어느 순간 나 자신이 그런 생각에 눌려 숨이 턱턱 막힌다는 사실을 발견했습니다. '내가 왜 이런 생각을 하게 되었지?'

마귀의 거짓말과 정죄 의식에 속았던 것입니다.

그때부터 생각을 바꾸고 내 모습 그대로 살기로 했습니다.

나 자신을 있는 그대로 받아들이기로 했습니다.

하나님이 나를 이렇게 만드신 것을 어떻게 하겠습니까?

나는 사람들 눈치 보지 않고 하나님의 말씀을 따라 마음껏 꿈꾸며 살기로 마음먹었습니다. 그들은 율법주의 기준으로 나를 자신들의 수준으로 자꾸 끌어내리려고 했습니다. 나는 나를 배려하고 내 인생을 먼저 챙기기로 했습니다. 다른 사람들의 기준에 맞추지 않고 오직 하나님의 말씀에만 나 자신을 맞추기로 결심했습니다.

하나님의 말씀이 내 삶의 기준이므로 사람들의 시선에서 자유롭게 나를 풀어 두어야겠다고 생각했습니다. 그러자 숨통이 트였습니다. 예수님이 말씀하셨습니다. "풀어 놓아 다니게 하라."(요 11:44)

나는 주님의 신부요 하나님의 딸입니다. 나는 노예나 하녀가 아닙니다. 나는 새 생명을 얻었고 하나님께 존귀한 사람입니다.

당신도 생각을 바꾸십시오. 더 이상 자기 기준으로 당신을 판단하고 정죄하는 사람들의 눈치를 보지 말고 모든 일에 당당하십시오.

'좀 실수하면 어때? 아브라함도 그랬잖아.'

'좀 미움 받으면 어때? 사라도 그랬잖아.'

'좀 시기 질투 받으면 어때? 이삭도 그랬잖아.'

'좀 욕을 먹으면 어때? 야곱도 그랬잖아.'

'좀 오해 받으면 어때? 요셉도 그랬잖아.'

그래도 괜찮다고 생각하십시오. 성령의 열매를 맺으며 살고 있다면 모든 것을 믿음으로 당당히 누리고 자신을 억누르지 마십시오.

성경 인물들은 다들 하나님 앞에서 믿음으로 살았습니다.

그들은 모든 사람을 기쁘게 하려고 눈치 보며 쩔쩔 매지 않았습니다. 항상 당당했습니다. 아무리 내가 조심해도 나를 미워하는 사람은 있기 마련이고 시기하는 사람도 있기 마련입니다.

그래도 나는 하나님께 마음껏 복을 받아 누리기로 했습니다.

사람들에게 맞추느라 애쓰면 자꾸 스트레스를 받습니다.

당신도 주위 사람에게 맞추느라 주눅 들고 움츠러들어 숨 쉬기조차 힘들어지지 않았나요? 이제 그만 하고 당당하십시오.

하나님이 당신에게 주신 개성을 있는 그대로 존중하며 사십시오.

남들 위주의 조심성 있는 행동을 한다고 매이지 마십시오.

당신이 하는 일에 대해 강한 확신과 자신감을 가지십시오.

로마서 12장 18절의 "할 수 있거든 너희로서는 모든 사람으로 더불어 평화하라"는 말씀은 내가 예수님 믿고 얼마 있지 않아 내 가슴에 와 닿은 말씀이었습니다. 그때 예수님을 믿음으로 행복에 푹 젖어 사는 나를 시기하고 질투하는 사람이 몇 명 있었기 때문에 나는 그 말씀을 지키려고 무던 애를 썼습니다. 그러나 하나님의 자녀인 나를 죽이고 억누르면서까지 그렇게 하라는 말씀은 아니었습니다. 당신도 좋은 사람 콤플렉스에서 빠져나와야 합니다.

당신 자신을 먼저 돌봐야 합니다.

당신은 존귀한 사람입니다.

사람은 입술의 열매를 먹고 산다

당신은 말을 함부로 하지 않습니까?

나는 성령님과 함께 조심스레 말하는 편입니다.

대부분 사람들은 말을 함부로 하므로 그 열매를 먹게 됩니다.

"사람은 입에서 나오는 열매로 말미암아 배부르게 되나니 곧 그의 입술에서 나는 것으로 말미암아 만족하게 되느니라."(잠 18:20)

하나님의 자녀의 입술에는 엄청난 권세가 있습니다.

당신이 말하는 대로 다 이루어집니다. 그러므로 조심해야 합니다. 당신의 입술에서 나오는 말을 자세히 살피십시오.

당신이 평소 어떤 말을 하느냐에 따라 인생이 달라집니다.

부정적인 말을 하면 되던 일도 안 됩니다.

궁상떠는 말을 하면 계속 궁핍한 삶을 살게 됩니다.

긍정의 말, 믿음의 말, 창조적인 말을 하면 그대로 됩니다.

당장 힘들어도 "부요하다"고 말하면 어느 정도 시간이 지났을 때 그 부요함이 나타나 모든 것이 실제로 부요해지게 됩니다.

당신이 믿음으로 고백한 대로 현실에 다 이루어집니다.

그러므로 순간마다 현상을 보면서 부정적으로 표현하지 말고 오직 믿음의 눈으로 보면서 긍정적으로 말하는 습관을 가져야 합니다.

"복 있는 사람은 그 행사가 다 형통하리로다."(시 1:3)

예전에 나는 보증금 300만 원에 월세 30만 원을 내며 지하방에 살았습니다. 그때 나와 남편은 항상 부요함만 말했습니다.

"우리는 하나님의 자녀이므로 부요해. 억만장자야."

사람들은 이 말을 들으면 미쳤다고 할 것입니다.

독자 중에 한 사람이 우리 집에 선물을 들고 와서 보고는 깜짝 놀라며 "여기는 집이 아니에요. 차고 같아요"라고 말했습니다. 하지만 우리는 내 안에 살아 계신 예수님 때문에 늘 행복하고 부요했습니다. 우리가 하나님께 받은 복 중에 가장 먼저 받은 것은 '물복'이 아닌 '행복'입니다. 행복은 '기쁨이 가득한 복'입니다. 예수님은 "내 기쁨이 너희 안에 가득하다"고 하셨고 우리는 그런 기쁨을 누렸습니다. 예수님도 기쁨이 가득한 분이셨고 우리도 그랬습니다.

그때 아이들이 초등학생이었습니다. 아이들은 엄마 아빠가 하는 말을 그대로 믿었습니다. 어느 날 한 아이가 "아빠는 서울에서 제일 부자지?"라며 자랑스러워하는 것이었습니다. 아빠가 말했습니다.

"그럼! 아빠는 재벌이고 억만장자야. 돈이 아주 많아."

우린 그 아이가 너무나 예쁘고 사랑스러웠습니다. 비록 지하 월세를 살고 있었지만 창조주 하나님, 우주 만물의 주인이신 하나님, 우주의 재벌 총수이신 하나님, 억만장자이신 하나님이 우리 아버지시니 그분의 자녀인 우리가 부요한 것은 당연합니다. 하나님이 거지면 그분의 자녀인 우리도 거지이고 하나님이 재벌이면 그분의 자녀인 우리도 재벌입니다. 그러므로 이렇게 말해야 합니다.

"하나님 아버지는 우주의 재벌 총수이시며 나는 그분의 자녀이므로 재벌 가문의 일원이다. 나는 재벌이다. 나는 통장과 지갑, 주머니의 현상과 상관없이 돈이 아주 많다. 나는 부요하다. 모든 것에 모든 것이 넘친다. 나는 어떤 경우에도 궁상떨지 않는다."

이런 부요 믿음으로 살아야 합니다.

하나님이 보실 때 돈이 많고 적고는 종이 한 장 차이입니다.

밑에서 보면 누가 높은가 재며 비교하겠지만 위에서 보면 빌딩이나 단층이나 똑같고 다 개미 같습니다. 하나님이 복을 주시면 하루만에도 1억, 10억, 100억, 천억을 받습니다. 하나님은 하늘 문을 열고 복을 쌓을 곳이 없도록 쏟아 부어 주시는 분입니다.

"만군의 여호와가 이르노라. 너희의 온전한 십일조를 창고에 들여 나의 집에 양식이 있게 하고 그것으로 나를 시험하여 내가 하늘 문을 열고 너희에게 복을 쌓을 곳이 없도록 붓지 아니하나 보라."

당신은 교회에 다니면서 이 말씀을 많이 들어봤을 것입니다.

"이 말씀은 십일조를 잘 내라는 내용이 아닌가요?"

맞습니다. 하지만 그 다음 내용도 자세히 읽고 믿어야 합니다.

"그것으로 나를 시험하여 내가 하늘 문을 열고 너희에게 복을 쌓을 곳이 없도록 붓지 아니하나 보라. 만군의 여호와가 이르노라. 내가 너희를 위하여 황충을 금하여 너희 토지소산을 멸하지 않게 하며 너희 밭에 포도나무의 과실로 기한 전에 떨어지지 않게 하리니 너희 땅이 아름다워지므로 열방이 너희를 복되다 하리라. 만군의 여호와의 말이니라."(말 3:10~12)

우리는 여기서 중대한 깨달음을 몇 가지 얻어야 합니다.

첫째, 십일조는 이미 받은 것에서 떼어 드리는 것입니다.

십일조를 드리므로 복을 받는 것이 아니라 하나님이 복을 주셨기 때문에 받은 것에서 십분의 일을 떼어 기쁘게 드리는 것입니다.

다윗은 하나님께 받은 것을 드렸다고 고백했습니다.

"부와 귀가 주께로 말미암고 또 주는 만물의 주재가 되사 손에 권세와 능력이 있사오니 모든 사람을 크게 하심과 강하게 하심이 주의 손에 있나이다. 우리 하나님이여 이제 우리가 주께 감사하오며 주의 영화로운 이름을 찬양하나이다. 나와 내 백성이 무엇이기에 이처럼 즐거운 마음으로 드릴 힘이 있었나이까? 모든 것이 주께로 말미암았사오니 우리가 주의 손에서 받은 것으로 주께 드렸을 뿐이니이다." (대상 29:12~14)

많은 사람들이 "하나님께 드리면 복을 받는다. 많이 드려라"며 무작정 많이 드려야 한다고 강조하며 가르칩니다. "누가 주께 먼저 드려서 갚으심을 받겠느냐?"(롬 11:35)는 말씀만 가르칩니다. 그 다음 구절이 더 중요합니다. "이는 만물이 주에게서 나오고 주로 말미암고 주에게로 돌아감이라. 그에게 영광이 세세에 있을지어다. 아멘." (롬 11:36) 이 말씀은 드려서 갚음을 받는다는 내용이 아닙니다. 하나님께 은혜로 받은 것을 다시 돌려 드린다는 말씀입니다.

모든 돈은 하나님의 것이며, 십일조도 하나님의 것입니다.

그러므로 감사하는 마음으로 십일조를 드려야 합니다.

둘째, 십일조를 드려 하나님을 시험해 보라고 했습니다.

하나님은 '언약의 하나님'이십니다. 그분은 말로 하신 약속을 다 지키시는 신실하신 분입니다. 하나님은 당신이 십일조를 드리면 더 많은 복을 주신다고 약속하셨습니다. 하나님의 공급하심을 믿는다고요? 그러면 십일조를 드리므로 당신의 믿음을 보이십시오. 행함이 없는 믿음은 죽은 것입니다. 십일조는 '믿음의 행동'입니다.

"나를 시험하여 보라"는 말씀은 '반드시 주겠다'는 의미입니다.

당신이 십일조를 드리면 하나님은 반드시 더 많이 주십니다.

셋째, 하늘 문을 열겠다고 약속하셨습니다.

넷째, 복을 쌓을 곳이 없도록 주시겠다고 약속하셨습니다.

여기에서 말하는 복은 영적인 복만이 아닙니다.

물질의 복 곧 현대에는 '돈'을 의미합니다.

우리가 이 땅에 사는 동안에는 네 가지 복을 받아야 합니다.

무엇일까요? 신복, 인복, 물복, 행복 등입니다.

신복은 성령 충만을 받는 것입니다.

인복은 좋은 사람을 많이 얻는 것입니다.

물복은 꿈과 소원을 이루기 위한 비용 곧 돈을 말합니다.

행복은 기쁨이 가득한 복을 말합니다.

이 네 가지 복은 어떻게 하면 받을 수 있을까요?

신복 곧 성령 충만은 오직 믿음으로 받습니다.

좋은 사람은 하나님이 보내 주셔야 얻습니다.

돈은 하나님이 재물 얻는 능력을 나타내 주셔야 합니다.

행복은 은혜의 복음을 깨달을 때 얻습니다.

당신도 이러한 복을 모두 받기 바랍니다.

다섯째, 하나님은 많은 복을 주신다고 약속하셨습니다.

겨우 생필품이 떨어지지 않을 정도로 조금만 주시는 것이 아니라 곳간에 쌓을 곳이 없도록 부어 주신다고 약속하셨습니다. 당신은 혹시 드리기만 하고 받지는 못하지 않았습니까? 받으려면 '곳간'이 있어야 합니다. 하나님은 그분을 경외한 야곱에게 14년간 복을 쌓을 곳이 없도록 부어 주셨지만 그 복이 모두 우상을 숭배하고 점치는 외삼촌 라반의 곳간에 들어가고 말았습니다. 왜 그럴까요? 야곱은 하나님이 주시는 복의 필요성과 중요성을 못 느꼈기 때문입니다.

"나는 하나님만 믿으면 돼, 나는 라헬만 있으면 돼."

그는 하나님을 믿었지만 라헬과 연애한다고 복을 다 놓쳤습니다.

그는 추위와 더위를 무릅쓰며 뼈 빠지게 일했지만 모두 라반의 배만 불렸습니다. 야곱은 14년간 자기 소유의 재산이 하나도 없었고 하나님이 때가 되어 고향으로 돌아가라고 명하셨을 때야 정신을 차리고 돌아보니 빈손이었습니다. 그는 라반에게 "나는 언제나 내 집을 세우리이까?"라고 투덜거리며 말했습니다. 그에게는 하나님이 주시는 복을 담을 곳간이 없었고 라반에게는 곳간이 있었던 것입니다.

아무리 많은 강물을 흘려보내 주어도 담을 곳이 없으면 다 흘려보냅니다. 담을 곳간 곧 댐을 준비한 사람만 강물을 가득히 담을 수 있습니다. 당신은 어떻습니까? 하나님이 쏟아 부어 주시는 복을 소중하게 여기며 그것을 담을 큰 곳간이 있습니까? 없다면 지금이라도 준비하십시오. 잠언 8장 21절에 "이는 나를 사랑하는 자가 재물을 얻어서 그 곳간에 채우게 하려 함이니라"고 말씀했기 때문입니다. 야곱이 깨달음을 얻고 곳간을 준비하자 날마다 기적이 일어나서 6년 만에 거부가 되었고 두 떼를 이루어 고향으로 돌아가게 되었습니다.

여섯째, 하나님은 잉여분만 써도 될 정도로 많은 복을 주십니다.

"쌓을 곳이 없도록 부어 주신다"고 했습니다. 처음엔 십일조를 드리지만 나중엔 십이조, 십오조, 십구조를 드려도 될 정도로 많은 복을 주십니다. 사람들은 말합니다. "내게 많은 복을 주시면 십의 구조라도 드리겠습니다." 하나님은 실제로 그런 엄청난 복을 주십니다. 한 달에 10억을 받으면 십의 구조를 드리고 1억만 써도 넘칩니다. 하나님은 만군의 여호와이십니다. 그 정도로 많은 복을 기대하십시오. 당신은 평생 돈 걱정 없이 부요하게 살게 될 것입니다.

일곱째, 하나님이 당신의 재산을 잃지 않도록 지켜 주십니다.

"내가 너희를 위하여 황충을 금하여 너희 토지소산을 멸하지 않게 하며"라고 약속하셨습니다. 당신이 온전한 십일조를 드릴 때, 전능하신 하나님의 손이 당신의 모든 재산을 붙들어 주실 것입니다.

여덟째, 하나님이 많은 열매를 거두게 하신다고 하셨습니다.

"너희 밭에 포도나무의 과실로 기한 전에 떨어지지 않게 하리니"라고 약속하셨습니다. 이 말씀은 철을 따라 많은 열매를 거두게 하신다는 것입니다. 철 곧 시절은 기본적으로 사계절을 말합니다.

"그는 시냇가에 심은 나무가 철을 따라 열매를 맺으며"(시 1:3)라고 했습니다. 매일 만나를 거두는 것은 광야의 삶입니다. 가나안 땅에서는 철을 따라 열매를 거두고 저장하고 무역해서 불리게 됩니다.

철을 따라 거두려면 '시간 요소'가 필요합니다. 믿음으로 투자했으면 조급한 마음으로 날마다 거두려고 하지 말고 느긋한 마음으로 기다리며 철을 따라 곧 3개월이나 3년마다 한 번씩 거두십시오.

가나안 땅에서는 곡식과 채소, 나무를 심어야 합니다.

콩나물도 심었으면 뽑지 말고 며칠은 두어야 합니다. 하물며 나무를 심었으면 몇 개월 내지 몇 년은 기다려야 합니다. 모든 것은 때가 있습니다. 심을 때가 있고 거둘 때가 있습니다. 조바심을 버리십시오. 몇 개월이나 몇 년에 한 번씩 거두어도 크게 거두면 됩니다.

당신은 시냇가에 심은 나무입니다.

아홉째, 하나님이 아름다운 땅을 주신다고 하셨습니다.

"너희 땅이 아름다워지므로 열방이 너희를 복되다 하리라"고 했습니다. 여기서 "네 땅"이라고 하지 않고 "너희 땅"이라고 했습니다. 이 말씀은 한두 사람에게만 아니라 십일조를 드리는 모든 사람에게 땅을 주신다는 말씀입니다. 당신은 하나님께 받은 땅이 있습니까?

"너희 땅이 아름다워지므로"는 땅이 있다는 것을 전제로 한 말씀입니다. 당신에게 땅이 없는데 어떻게 그 땅이 아름다워집니까? 하나님은 당신에게 땅을 주기를 기뻐하십니다. 그러므로 땅을 달라고 구하십시오. 당신에게 땅이 없는 것은 땅을 구하지 않았기 때문입니다. "너희가 얻지 못함은 구하지 아니하기 때문이요."(약 4:2)

하나님께 땅을 구했으면 시간과 공간을 초월해 이미 받았다고 믿으십시오. 그러면 어느 날 성령님께서 "땅을 사러 가자"고 하실 것입니다. 하나님은 하루 만에 만 평, 10만 평의 땅을 주실 것입니다.

당신은 전능하신 하나님을 믿는 믿음으로 살아야 합니다.

믿음이 있고 없고의 차이는 너무나도 큽니다.

지금 당장 현실에서는 큰 변화가 안 보여도 시간이 흐름에 따라 그 차이는 엄청나게 다르게 나타납니다. 내가 지금 받아 누리는 것은 모두 하나님께 구한 것들이고 믿음으로 받은 것들입니다.

나는 빈손이었지만 예수 이름으로 모든 것을 구했습니다.

하나님은 내가 구한 것을 모두 풍성히 주셨습니다.

우리가 복음을 전하겠다고 잠실에 온지 20년이 지났습니다.

처음에 우리가 월세 30만 원을 내며 반 지하에서 가난하게 산 것을 보았던 동네 사람들이 20년간 우리가 받은 복을 보고 크게 놀라며 말했습니다. "와, 반전이군요. 당신은 정말 복된 사람입니다."

하나님은 우리의 생각과 믿음의 고백대로 다 이루어 주셨습니다. 나는 부요하신 하나님의 자녀로서 부요한 삶을 살고 있습니다. 당신도 부요하신 하나님의 자녀로 부요한 삶을 살 것입니다.

사람들에게 무엇인가 얻으려고 아부 떨지 마십시오.

사람들에게 관심 받으려고 궁상떨지 마십시오.

하나님이 당신의 행동을 다 보고 계십니다.

오직 하나님 앞에서 믿음으로 사십시오. 하나님이 지금도 당신을 돌보고 계십니다. 살든지 죽든지 하나님만 믿고 의지하십시오.

사람을 의지하지 마십시오. 사람을 의지하면 자꾸 상처를 받습니다. 하나님만 의지하고 신뢰하면 하나님이 다 책임지십니다.

"귀인들을 의지하지 말며 도울 힘이 없는 인생도 의지하지 말지니 그의 호흡이 끊어지면 흙으로 돌아가서 그 날에 그의 생각이 소멸하리로다. 야곱의 하나님을 자기의 도움으로 삼으며 여호와 자기 하나님에게 자기의 소망을 두는 자는 복이 있도다."(시 146:3~5)

사람의 보상보다 하나님의 상이 더 크다

당신은 착한 일을 행한 후에 어떤 보상을 바랍니까?

나는 착한 일을 행한 후에 사람에게 보상받으려고 하지 않고 하나님께 상 받기를 기대합니다. 하나님은 상을 주시는 분입니다.

"믿음이 없이는 하나님을 기쁘시게 하지 못하나니 하나님께 나아가는 자는 반드시 그가 계신 것과 또한 그가 자기를 찾는 자들에게 상 주시는 이심을 믿어야 할지니라."(히 11:6)

하나님은 믿음의 상을 주십니다. 하나님만 믿고 의지하며 받았다는 믿음으로 생활하면 반드시 그것에 대한 상을 주십니다.

어떤 경우에 상을 주실까요? 구제와 금식과 기도할 때입니다.

첫째, 구제할 때에 사람이 아닌 하나님께 상을 기대해야 합니다.

"구제할 때에 외식하는 자가 사람에게서 영광을 받으려고 회당과 거리에서 하는 것 같이 너희 앞에 나팔을 불지 말라. 진실로 너희에게 이르노니 그들은 자기 상을 이미 받았느니라."(마 6:2)

둘째, 금식할 때에 사람이 아닌 하나님께 상을 기대해야 합니다.

"금식할 때에 너희는 외식하는 자들과 같이 슬픈 기색을 보이지 말라. 그들은 금식하는 것을 사람에게 보이려고 얼굴을 흉하게 하느니라. 내가 진실로 너희에게 이르노니 그들은 자기 상을 이미 받았느니라."(마 6:16)

셋째, 기도할 때에 사람이 아닌 하나님께 상을 기대해야 합니다.

"또 너희는 기도할 때에 외식하는 자와 같이 하지 말라. 그들은 사람에게 보이려고 회당과 큰 거리 어귀에 서서 기도하기를 좋아하느니라. 내가 진실로 너희에게 이르노니 그들은 자기 상을 이미 받았느니라."(마 6:5)

사람의 보상은 작지만 하나님의 상은 큽니다.

나는 사람들에게 드러내고 선을 베푸는 것을 좋아하지 않습니다.

나를 드러내지 않고 자연스럽게 그들의 필요를 채워 주려고 합니다. 때로는 나도 어려운 중에 최선을 다해 다른 사람을 도왔는데 상대방은 감사를 표현하기보다는 더 힘들다고 울상을 짓습니다. 그렇게 사람들이 투덜대고 불평하면 내 마음이 상처받고 힘들어집니다.

사람들은 왜 도움을 받고도 불평할까요?

자신에게 주어진 것에 만족하지 못하고 자꾸 남과 비교하기 때문입니다. 왜 하나님이 자기에게는 많은 복을 주지 않느냐고 투덜댑니다. 작은 일에도 감사해야 하나님이 더 큰 것을 주십니다.

원망과 불평을 그치고 모든 일에 감사하십시오.

"감사로 제사를 드리는 자가 나를 영화롭게 하나니 그의 행위를 옳게 하는 자에게 내가 하나님의 구원을 보이리라."(시 50:23)

하나님은 당신의 머리털까지 세신다

착한 일을 했는데 하나님이 잊으시면 어떻게 하냐고요?

걱정하지 마십시오. 하나님은 당신의 머리털까지 다 세십니다.

"너희에게는 심지어 머리털까지도 다 세신 바 되었다."(눅 12:7)

사람에게 선을 베풀 때 그들이 감사하고 다시 갚아 주길 기대해서는 안 됩니다. 오직 하나님 앞에서 선을 베풀어야 합니다.

하나님은 당신이 행한 것과는 비교도 안될 만큼 큰 복으로 갚아 주십니다. 그분은 반드시 100배, 60배, 30배로 갚아 주십니다.

천배의 복도 주십니다. "너희 조상의 하나님 여호와께서 너희를 현재보다 천 배나 많게 하시며 너희에게 허락하신 것과 같이 너희에게 복 주시기를 원하노라"(신 1:11)고 약속하셨기 때문입니다.

나는 백배의 복을 받았고 천 배의 복도 받았습니다.

당신도 백배의 복을 받고 천 배의 복도 받을 것입니다.

하나님은 하나도 잊지 않고 당신이 손으로 행한 것을 다 기억하십니다. 그러므로 사람들에게 행한 착한 일에 대해 사람들에게 칭찬받으려고 애쓰지 마십시오. 사람들에게 드러내려고 자랑하거나 설명하지도 마십시오. 하나님은 그런 모습을 기뻐하지 않으십니다.

사람들에게 보상받으려고 하다 보면 많은 선을 행하고도 당신의 마음이 불행해질 것입니다. 하나님 앞에서 모든 일을 하십시오.

하나님은 당신의 모든 행동에 대해 보상하시는 분입니다.

"너희가 수치 대신에 보상을 배나 얻으며 능욕 대신에 몫으로 말미암아 즐거워할 것이라. 그리하여 그들의 땅에서 갑절이나 얻고 영원한 기쁨이 있으리라."(사 61:7)

잠잠히 참아 기다리시는 하나님

당신은 참을성이 많아 잘 기다리는 편인가요?

아니면 급한 성격 때문에 참지 못하고 설치는 편인가요?

참지 못하고 성급하게 나서는 것보다는 차분하게 일하는 편이 낫고 훨씬 실수를 적게 합니다. "조급한 자는 궁핍함에 이를 따름이니라"(잠 21:5)고 했습니다. 조급한 마음을 버리고 천천히 가십시오.

하나님은 나에게 잠잠히 참아 기다리라고 하셨습니다.

"여호와 앞에 잠잠하고 참고 기다리라. 자기 길이 형통하며 악한 꾀를 이루는 자 때문에 불평하지 말지어다."(시 37:7)

그분이 보실 때 내가 성격이 급해서 그러신 걸까요?

나는 어릴 때부터 기다리기를 잘하는 편이었고 느릿느릿 행동하기로도 유명했습니다. 오죽했으면 내가 어릴 때 엄마가 나를 보면서 한숨을 쉬며 "너무 느려서 답답하다"고 말씀하실 정도였습니다.

그런 내게 주님은 인생의 중요한 결정을 내려야 할 때마다 몇 번이나 동일하게 "너는 여호와 앞에 잠잠하고 참아 기다려라"고 말씀하셨습니다. 사실 내가 하나님의 손길을 기다린 것과는 비교할 수 없을 정도로 하나님이 먼저 내게 대해 오래 기다려 주셨습니다.

내가 주님을 알지 못했을 때조차도 주님은 나에 대해 오래 참고 기다려 주셨습니다. 내가 죄와 저주 가운데 죽어 있을 때 주님은 나를 찾아 오셨고 생명나무이신 그분께 속하도록 접붙여 주셨습니다. 그리고 잘 자라서 열매 맺을 수 있도록 돌보고 길러 주셨습니다.

그리스도인은 예수님께 접붙여졌습니다. 그러므로 뿌리 되신 예수 그리스도로부터 날마다 생명을 공급받고 자연스럽게 열매 맺는 삶을 살게 됩니다. 거기에는 당신의 뜻과 계획, 당신의 꿈과 방법은 없습니다. 그저 붙어 있는 자체로도 당신은 저절로 주님의 과실을 풍성히 맺게 됩니다. '내 열매'가 아닌 '주님의 열매'입니다.

그러면 왜 어떤 그리스도인은 열매를 맺지 못할까요?

주님께 접붙여져 있음을 모르고 자기 힘으로 살아가기 때문입니다. 사실 당신이 하는 모든 일에 주님이 함께하십니다. 당신이 그분을 인격적으로 존중하면서 앞세우기만 하면 됩니다. 그러면 주님이 일하시므로 가장 좋은 결과를 얻게 하십니다. 그러나 그분을 무시하고 당신이 주인 행세하며 설친다면 주님이 개입하실 수 없습니다.

그럴 때 주님은 그냥 잠잠히 참아 기다리십니다. 당신의 인격을 존중하시기 때문입니다. 당신이 깨달아 알 때까지 참고 기다리십니다. 너무 많이 고생하고 방황하지 않기를 바라면서 말이죠.

돌이켜보면 내가 고통스러워 주님께 하소연할 때마다 주님은 나보다 더 마음 아파하고 계셨습니다. 옛 사람의 습관을 따라 끊임없이 주인 행세하려고 하지 말고 새 사람을 따라 살아야 합니다.

당신이 모든 것을 통제하려고 애쓰지 말고 주님께 맡기십시오.

당신이 무엇을 어떻게 해야 할지 끊임없이 머리 굴리며 당신의 기준으로 선택하고 밀어붙이면 문제가 더 커집니다. 그럴수록 당신은 더 많은 고통을 받게 됩니다. 그러므로 순간마다 당신이 저주의 뿌리에서 끊겨 생명 되신 주님께 접붙여졌음을 믿어야 합니다.

육체의 속성인 시기와 분 냄, 당 짓는 것들을 버려야 합니다.

서로 이해하고 용서하고 연합하는 새로운 삶의 방식을 가져야 합니다. 주님과 친밀하게 사귀면서 한 걸음씩 나아가십시오. 그러면 당신을 비롯한 모든 사람이 천국의 풍성한 삶을 누리게 될 것입니다. 주님이 이끄시는 대로 순종하며 따라가십시오.

여호와 앞에 잠잠하고 참아 기다리라

당신은 교회에서 일어나는 문제를 어떻게 대처합니까?

나는 하나님을 사랑하기 때문에 나의 유익을 구하지 않고 오직 하나님의 뜻을 구합니다. 교회에서 일어나는 수많은 문제를 바라볼 때 내 기준과 선입견, 내 생각을 내려놓습니다.

당장 이해가 안 되어 답답하고 무엇을 어떻게 해야 할지 몰라 전 전긍긍하고 있을 때조차도 주님의 일하심을 믿고 기다립니다.

당신도 성급히 나서서 당신의 생각으로 일을 처리하면 안 됩니다. 만약 그 일이 성령의 역사로 일어난 일이라면 당신이 성령을 방해하는 것이 되기 때문입니다. 잠잠하고 주님이 이끌어 가시는 것을 지켜보십시오. 당신이 뭔가 하려는 생각을 내려놓으십시오.

우리는 무엇을 하든지 주님보다 앞서가면 안 됩니다.

오히려 주님 뒤에서 주님의 인도하심을 따라가야 합니다.

오직 성령님이 주인님이시고 주관자이시기 때문입니다.

성령님을 제쳐 두고 내 힘과 경험, 내 지식과 기준, 내 생각으로 일하겠다고 설치면 그 일로 인해 죽도록 고생하게 될 것입니다.

하나님의 자녀는 이 땅에서 복음을 위해 고난 받아야 합니다. 그렇지 않고 자기가 주인 행세하므로 고생하고 방황하는 일이 있어서는 안 됩니다. 그것은 자기의 힘을 의지하기 때문입니다. 전능하신 성령님을 의지하면 그분이 모든 것을 합력하여 선을 이루십니다.

당신이 지금 고생하고 방황하는 삶을 살고 있다면 당신이 주인 행세하는 모든 것을 내려놓고 잠잠히 참고 기다려야 합니다. 그리고 성령님께 온전히 자신과 모든 일을 맡겨야 합니다. 사람들은 무엇인가 하는 것은 힘들지 않는데, 잠잠히 참고 기다리는 것은 매우 힘들어합니다. 주님의 말씀을 다시 붙드십시오.

"여호와 앞에 잠잠하고 참아 기다리라. 자기 길이 형통하며 악한 꾀를 이루는 자를 인하여 불평하여 말지어다."(시 37:7)

정말 크게 성공한 사람은 나서지 않는다

당신은 나서기를 좋아하지 않습니까?

"나는 대단한 사람이야, 이런 나를 왜 몰라보는 거야? 내가 나서서 사람들에게 위대한 나의 존재를 큰소리로 알려야지."

정말 대단한 사람은 그렇게 하지 않아도 다들 알아봅니다.

예수님은 청함을 받은 사람들이 높은 자리 택함을 보시고 그들에게 비유로 말씀하시며 나서지 않는 것이 지혜라고 하셨습니다.

"네가 누구에게나 혼인 잔치에 청함을 받았을 때에 높은 자리에 앉지 말라. 그렇지 않으면 너보다 더 높은 사람이 청함을 받은 경우에 너와 그를 청한 자가 와서 너더러 이 사람에게 자리를 내주라 하리니 그 때에 네가 부끄러워 끝자리로 가게 되리라. 청함을 받았을 때에 차라리 가서 끝자리에 앉으라. 그러면 너를 청한 자가 와서 너더러 벗이여 올라앉으라 하리니 그 때에야 함께 앉은 모든 사람 앞에서 영광이 있으리라. 무릇 자기를 높이는 자는 낮아지고 자기를 낮추는 자는 높아지리라."(눅 14:7~11)

크게 성공한 사람은 겸손히 자신을 숨기며 뒷자리에 조용히 앉아 있는데 조금 성공한 사람들이 자신이 대단한 존재인 양 나섭니다.

돈이 조금 있는 사람이 돈이 많은 척하며 부자 행세합니다. 진짜로 돈이 많은 사람은 오히려 돈이 없는 척하며 겸손합니다. 자신이 돈이 많다는 것을 드러내며 자랑해 봤자 좋을 게 하나도 없기 때문이죠. 명예, 권세, 건물, 학벌, 숫자, 경력 등 모든 것이 그렇습니다.

진짜로 많이 가진 사람은 그것을 떠벌리며 자랑하지 않습니다.

서울대, 동경대, 하버드 대학을 졸업한 사람들은 오히려 겸손합니다. 석사, 박사 학위를 가진 사람은 자신이 아는 게 별로 없다고 말합니다. 맞는 말이죠. 자신의 전공 분야 한두 가지 외엔 모르니까요. 대단한 인물로 보이려고 애쓰지 말고 항상 겸손하십시오.

사람들이 왜 겁도 없이 나서기를 좋아할까요? 그렇게 나서지 않으면 자신의 존재 가치가 약해진다고 생각하기 때문일까요? 아니면 남들과 끊임없이 비교 경쟁하며 더 나은 인물로 보이려는 걸까요?

그렇게 너무 애쓰지 않아도 됩니다.

사람을 높이고 낮추는 것은 하나님이 하시기 때문입니다.

하나님이 하실 일을 사람이 하려고 설치니 문제가 생깁니다.

하나님이 높이실 때까지 잠잠하십시오.

"너희 뿔을 높이 들지 말며 교만한 목으로 말하지 말지어다. 무릇 높이는 일이 동쪽에서나 서쪽에서 말미암지 아니하며 남쪽에서도 말미암지 아니하고 오직 재판장이신 하나님이 이를 낮추시고 저를 높이시느니라."(시 75:5~7)

문제가 생겼을 때도 잠잠히 참고 기다리십시오.

문제의 시작과 과정, 끝을 모두 하나님이 알고 행하십니다.

자기가 주인 행세하며 모든 문제를 스스로 해결하겠다고 설치며 안간힘을 쓰다 보면 어느 순간 '그리스도 안에 있는 진정한 나'는 없어지고 '허상만 좇는 나'만 남게 됩니다. 도대체 무엇을 위한 삶인지 모르고 더 나은 미래를 만들겠다고 몸부림치게 됩니다. 문제는 전능하신 하나님께 맡기고 행복한 마음으로 살아가십시오.

"너희 염려를 다 주께 맡기라. 이는 그가 너희를 돌보심이라"(벧전 5:7)고 했습니다. 주님께서 지금도 당신을 돌보고 계십니다.

장밋빛 미래는 장밋빛 현재가 모여서 이루어지는 것입니다.

지금 행복하지 못하면 내일도 행복하지 못할 것입니다. 행복도 일종의 습관이기 때문입니다. 지금의 행복을 희생해서 미래의 행복을 보상으로 얻게 되는 것이 결코 아닙니다. 예수님은 "하나님의 나라가 너희 안에 있다"고 하셨습니다. "또 여기 있다 저기 있다고도 못하리니 하나님의 나라는 너희 안에 있느니라."(눅 17:21)

하나님의 나라 곧 천국이 여기 있을까 저기 있을까 하며 파랑새를 찾아 뛰어다니지 마십시오. 하나님 앞에 잠잠히 참고 기다리면 당신 안에 기름 부음과 하나님의 나라가 물결 치고 있음을 발견하게 될 것입니다. "주의 폭포 소리에 깊은 바다가 서로 부르며 주의 모든 파도와 물결이 나를 휩쓸었나이다."(시 42:7)

지금 당신 안에 생수의 강이 흐르고 있습니다.

하나님의 부르심을 소중히 여기라

당신은 주님의 부르심을 소중하게 여기고 있습니까?

나는 주님의 부르심 때문에 내 인생이 바뀌었기 때문에 그 무엇보다 '주님의 부르심'을 소중히 여기며 꼭 붙들고 있습니다.

환경이 조금 힘들어졌다고 낙심하지 말고 용기를 내십시오.

"내가 왜 여기 이렇게 있나? 주님을 따라 여기까지 왔는데, 너무 힘들어"라며 투정부리지 마십시오. 주님이 당신을 부르신 것은 우주적인 사건이요 크고 놀라운 은혜임을 잊지 말아야 합니다.

주님이 당신을 부르신 처음 장소를 잊지 마십시오.

당신이 부르심에 합당한 대단한 인물이어서 부르신 것이 아닙니다. 오직 그분의 은혜입니다. 그분이 당신을 한없이 사랑하시고 불쌍히 여기셔서 부르신 것입니다. 사도 바울은 말했습니다.

"나는 사도 중에 가장 작은 자라. 나는 하나님의 교회를 박해하였으므로 사도라 칭함 받기를 감당하지 못할 자니라. 그러나 내가 나된 것은 하나님의 은혜로 된 것이니 내게 주신 그의 은혜가 헛되지 아니하여 내가 모든 사도보다 더 많이 수고하였으나 내가 한 것이 아니요 오직 나와 함께 하신 하나님의 은혜로라."(고전 15:9~10)

예수님을 따른 사람이 셀 수 없이 많았습니다.

그 중에 열두 명을 따로 택하여 제자로 부르셨습니다.

그들이 특별해서라기보다는 주님이 원해서 부르신 것입니다.

제자들은 주님을 따르기 위해 집과 가족과 직업을 다 내려놓고 전적으로 따라야 했습니다. 사랑하는 모든 사람에게서 떠나야 하는 대가를 치러야 했습니다. 그렇게 주님을 따랐다고 모든 것이 평탄한 것도 아니었고 세상의 권세나 명예나 부가 주어지지도 않았습니다. 그러나 그들은 주님과 함께 사람을 낚는 어부가 되었고 마음에 천국을 소유함으로 세상에서 가장 행복한 사람이 되었습니다.

당신이 어떤 자리에서 무엇을 하든지 그곳이 주님의 부르심이라면 즐거운 마음으로 순종하십시오. 지금 겪고 있는 모든 시련과 환난은 한 점에 불과하고 지나가는 과정일 뿐입니다. 주님께 불평하지 말고 오직 믿음의 주요 온전케 하시는 예수님만 바라보십시오.

시험을 통한 믿음의 시련은 인내를 만들어 냅니다.

"내 형제들아, 너희가 여러 가지 시험을 당하거든 온전히 기쁘게 여기라. 이는 너희 믿음의 시련이 인내를 만들어 내는 줄 너희가 앎이라. 인내를 온전히 이루라. 이는 너희로 온전하고 구비하여 조금도 부족함이 없게 하려 함이라."(약 1:2~4)

인내는 내가 하는 것이 아닙니다. 성령의 열매입니다.

"성령의 열매는, 오래 참음이다."(갈 5:22)

당신은 날마다 한 걸음씩 앞으로 나아가야 합니다.

이 말은 곧 날마다 '누적 성장'해야 한다는 말입니다.

누구나 성장통(成長痛, growing pains, 성장하면서 생기는 고통)을 겪습니다. 종종 고통스러운 일을 겪고 새로운 문제에 부딪힐 수도 있습니다. 그럴 때 좌절하거나 포기하지 마십시오. 만약 그 자리에 멈추거나 문제를 피해 버리면 더 이상 성장할 수 없습니다.

힘들고 아파도 어떻게든 이겨내고 앞으로 나아가야 '성장한 나, 더 나은 나'를 만나게 됩니다. "의인은 종려나무 같이 번성하며 백향목 같이 성장하리로다"(시 92:12)라고 했습니다.

이 말씀대로 날마다 번성하고 성장하기 바랍니다.

당신이 큰 나무가 될 것입니다.

나는 믿음의 눈으로 성령님을 본다

당신은 지혜가 넘치는 사람입니까?

나는 성령님으로 말미암아 지혜가 넘치는 사람입니다.

성경에 "사람은 존귀하지만 깨닫지 못하면 멸망하는 짐승과 같다"(시 49:20)고 했습니다. 무엇을 깨달아야 할까요? 복음입니다.

나는 예전에 복음을 깨닫지 못했습니다. 복음은 내 안에 살아 계신 예수님입니다. 예수님의 핏값으로 산 존귀한 자였던 내가 나 자신을 정죄함으로 스스로 멸망의 길을 가고 있었습니다.

지혜란 뭘까요? 바로 내 안에 살아 계신 성령님입니다.

나는 복음을 깨닫고 모르는 건 전부 성령님께 물어봤습니다.

그러자 성령님은 순간마다 넘치는 지혜를 주셨습니다.

"이는 그가 모든 지혜와 총명을 우리에게 넘치게 하사."(엡 1:8)

성령님께 묻고 그분의 음성을 들은 건 마음에 새겼습니다.

성령님께서 핸드폰에 기록하라고 하는 건 다 기록했습니다.

성령님께서 들려주는 음성이 너무 많아서 핸드폰에 다 기록할 수 없을 정도였습니다. 그래서 성령님께 어떤 걸 기록할지를 알려 달라고 부탁했습니다. 성령님은 부탁하면 다 들어주십니다.

내게 핸드폰에 메모해야 될 건 음성으로 들려주십니다.

"이건 메모하렴."

성령님께서 음성을 주셨으면 마음에 새겨야 합니다.

내가 성령님의 음성을 시냇물처럼 줄줄 듣게 된 이유는 내 마음이 낮기 때문입니다. 그 음성을 듣고 그대로 실천했기 때문입니다.

복음은 그동안 내 멋대로 생각했던 나를 완전히 깨뜨렸습니다.

내 생각은 성령님의 생각으로 하나씩 바뀌어 갔습니다.

어떻게 내가 성령님의 생각으로 바뀌었을까요?

첫째, 성령님께서 나를 다루는 과정을 거쳤기 때문입니다. 그 결과 날마다 내 생각을 죽이고 성령님의 생각만 하게 되었습니다.

둘째, 내 자아가 죽어 펄펄 날리는 먼지처럼 되었습니다. 다 타버린 재처럼 되었습니다. 지금은 누가 내게 뭐래도 눈 하나 깜박 안 하는 담대함을 갖게 되었습니다. 나의 옛사람은 죽었습니다. "내가 그리스도와 함께 십자가에 못 박혔나니 그런즉 이제는 내가 사는 것이 아니요 오직 내 안에 그리스도께서 사시는 것이라. 이제 내가 육체 가운데 사는 것은 나를 사랑하사 나를 위하여 자기 자신을 버리신 하나님의 아들을 믿는 믿음 안에서 사는 것이라."(갈 2:20)

하나님을 경외하는 사람은 믿음의 눈을 열고 오직 살아 계신 하나님만 바라봅니다. 그래서 하루 종일 마음에 평온이 가득합니다.

예수님이 내 대신 징계를 받으셨으므로 나는 평화를 누립니다.

"그가 찔림은 우리의 허물 때문이요 그가 상함은 우리의 죄악 때문이라. 그가 징계를 받음으로 우리는 평화를 누리고 그가 채찍에 맞음으로 우리는 나음을 받았도다."(사 53:5)

나는 가만두지 않겠다며 큰소리로 협박한 사람 앞에서도 전혀 두렵지 않았습니다. 나는 그 사람에게 성령님께서 하라고 하신 말씀을 눈 하나 깜박하지 않고 거침없이 다 전했습니다. 성령님의 음성을 듣고 믿음으로 나아갈 때 목숨이 위태로운 적도 몇 번 있었습니다. 하지만 성령님의 보호하심으로 빠져 나올 수 있었습니다.

복음을 깨닫고 난 후로의 내 삶은 "죽으라면 죽으리라"였습니다.

나는 오직 내 앞에 계신 성령님만 믿음의 눈으로 바라봤습니다.

성령님께서는 내 머리털 하나 상하지 않게 지켜 주셨습니다.

물론 다윗처럼 목숨이 위태로울 때는 피해야 합니다. 그것이 지혜로운 행동입니다. 그렇지 못할지라도 성령님께서는 내가 천국 가는 날까지 머리털 하나 상하지 않게 해주시겠다고 약속하셨습니다. 두려워하지 마십시오. 하나님이 당신도 지켜 주실 것입니다.

"밤에 주께서 환상 가운데 바울에게 말씀하시되, 두려워하지 말며 침묵하지 말고 말하라. 내가 너와 함께 있으매 어떤 사람도 너를 대적하여 해롭게 할 자가 없을 것이다."(행 18:9~10)

나는 두려운 것이 없습니다. 주님께서 지금 내게 "아프리카에 가라. 북한에 가라. 중국에 가라"고 하시면 즐겨 순종하고 갑니다. 전혀 망설일 필요가 없습니다. 어차피 하나님의 은혜가 아니었다면 나 자신의 정죄로 인해 비참하게 죽었을 겁니다.

이런 나를 살려주신 하나님을 위해 뭔들 못하겠습니까?

나만 아니라 내가 사랑하는 사람들도 하나님께서 살리셨습니다.

아, 하나님의 은혜가 너무나 큽니다. 그래서 나는 내 모든 것을 주님께 드렸습니다. 그런데 신기한 것은 내 삶에 어떤 상황이 벌어져도 한없이 평온하다는 것입니다. 하나님께 바쳐진 삶은 내 인생에 큰 축복이 되었습니다. 당신도 그분께 바쳐진 삶을 사십시오.

하나님이 당신의 인생을 책임지실 것입니다.

나는 오늘 이런 시를 지었습니다.

네가 내 아내인 게 한없이 좋다

너의 지혜
나의 지혜

온 천지가
요동해도

너는 눈 하나
깜박 안 하지.

너의 눈에는
나 밖에 안 보여.

살다 보면

그런 일도 있다.

너 같은
아리따운
여인이
내 아내라는 게

내게는
한없는 복이다.

나는
언제나
너와 함께 한다.

영원히.

"사랑아,
네가 어찌 그리 아름다운지
어찌 그리 화창한지
즐겁게 하는구나."(아 7:6)

무에서 유를 창조하신 성령님

당신은 아름다운 소식을 전하는 사람입니까?

나는 매일 아름다운 소식을 전하는데, 그것이 무엇일까요?

첫째, 예수님이 십자가에서 다 이룬 복음입니다.

"아름다운 소식을 시온에 전하는 자여, 너는 높은 산에 오르라. 아름다운 소식을 예루살렘에 전하는 자여, 너는 힘써 소리를 높이라. 두려워하지 말고 소리를 높여 유다의 성읍들에게 이르기를 너희의 하나님을 보라 하라."(사 40:9)

하나님의 은혜로 430년의 기나긴 노예 생활에서 벗어난 이스라엘 백성들은 광야에서 먹는 것 때문에 하나님과 모세를 향해 원망했습니다. 하나님께서 크게 진노하셨고 불뱀을 보내어 이스라엘 민족들을 물게 했습니다. 많은 사람들이 하루 만에 죽었습니다.

그들은 잘못을 뉘우치며 모세에게 자기들을 물어 죽이는 불뱀을 없애 달라고 하나님께 기도해 달라고 부탁했습니다.

"여호와께서 불뱀들을 백성 중에 보내어 백성을 물게 하시므로 이스라엘 백성 중에 죽은 자가 많은지라. 백성이 모세에게 이르러 말하되 우리가 여호와와 당신을 향하여 원망함으로 범죄하였사오니 여호와께 기도하여 이 뱀들을 우리에게서 떠나게 하소서. 모세가 백성을 위하여 기도하매 여호와께서 모세에게 이르시되 불뱀을 만들어 장대 위에 매달아라 물린 자마다 그것을 보면 살리라. 모세가 놋뱀을 만들어 장대 위에 다니 뱀에게 물린 자가 놋뱀을 쳐다본즉 모두 살더라."(민 21:6~9)

여기에 나오는 놋뱀은 예수 그리스도를 상징합니다.

"모세가 광야에서 뱀을 든 것 같이 인자도 들려야 하리니 이는 그를 믿는 자마다 영생을 얻게 하려 하심이니라. 하나님이 세상을 이처럼 사랑하사 독생자를 주셨으니 이는 그를 믿는 자마다 멸망하지 않고 영생을 얻게 하려 하심이라."(요 3:14~16)

예수님을 바라보십시오. 그러면 영생을 얻고 죽지 않습니다.

나는 삼 대째 불신자 집안에서 태어났습니다.

초등학교 다닐 때 아주 친한 친구를 따라 교회에 갔습니다.

친구는 크리스마스 선물을 준다고 교회에 가자고 했습니다.

그때 나는 교회에 가서 예수님을 구주로 영접했습니다. 하지만 나는 크리스마스 선물을 받은 후에 더 이상 교회에 가지 않았습니다. 그때 내 머릿속에 '꽉' 하고 박힌 찬양과 율동이 있습니다.

"하나님이 세상을 이처럼 사랑하사 독생자를 주셨으니 누구든지 예수 믿으면 멸망하지 않고 영생을 얻으리로다. 요한복음 3장 16절."

나는 그때 하나님께서 품속에 있던 독생자 예수를 이 땅에 보내셨다는 걸 믿었고 예수님을 믿으면 천국에 간다는 걸 믿었습니다.

그 후에 온전한 복음을 깨닫고 예수님이 내 모든 죄와 목마름과 병과 가난과 어리석음과 징계와 죽음을 다 짊어지고 십자가에서 피와 땀과 눈물을 흘리며 죽으셨다는 사실을 알게 되었습니다.

또한 하늘에만 계신 줄 알았던 하나님이 내 안에 살아 계신다는 걸 알게 되었습니다. 예수님이 사망의 권세를 이기고 3일 만에 부활하셨고 예수님을 영접한 내 안에 성령으로 살아 계신다는 걸 알게 되었습니다. "너희는 너희가 하나님의 성전인 것과 하나님의 성령이 너희 안에 계시는 것을 알지 못하느냐."(고전 3:16)

복음은 내 인생을 완전히 바꾸어 놓았습니다.

내 배에서 생수가 철철 넘치게 만든 것입니다.

"명절 끝날 곧 큰 날에 예수께서 서서 외쳐 이르시되 '누구든지 목마르거든 내게로 와서 마시라. 나를 믿는 자는 성경에 이름과 같이 그 배에서 생수의 강이 흘러나오리라' 하시니 이는 그를 믿는 자들이 받을 성령을 가리켜 말씀하신 것이라."(요 7:37~39)

복음을 깨닫고 내 마음은 한없이 행복했습니다.

무엇보다 내가 알고 있던 예수님이 나를 한없이 사랑하시는 하나님 아빠였다는 사실이 내 인생을 완전히 바꿔 놓았습니다.

예수님은 영존하시는 아버지이십니다. "이는 한 아기가 우리에게 났고 한 아들을 우리에게 주신 바 되었는데 그의 어깨에는 정사를 메었고 그의 이름은 기묘자라, 모사라, 전능하신 하나님이라, 영존하시는 아버지라, 평강의 왕이라 할 것임이라."(사 9:6)

나는 하나님 아빠가 너무 좋아 내 인생 전부를 드렸습니다. 내 몸과 시간, 돈을 아낌없이 그분께 드렸습니다. 아름다운 소식을 전하는 일에 목숨을 바쳤습니다. 복음이 나를 살렸기 때문입니다.

살아 있지만 1초도 살고 싶지 않았던 내 삶에 저주의 종지부를 찍게 해주신 하나님의 은혜를 갚을 길이 없습니다. 하나님은 나뿐만 아니라 사랑하는 엄마와 오빠, 친척들, 많은 사람들이 나를 통해 예수님을 영접하게 하셨고 하나님의 자녀가 되게 하셨습니다.

나는 오직 예수님만 바라보고 삽니다.

나의 영은 언제나 새롭습니다. 항상 깨어 있습니다.

당신도 늘 새롭습니다. 항상 깨어 있습니다.

이 소식을 전하지 않을 수 없는 이유는 내가 복음을 듣고 행복해졌기 때문입니다. 그래서 나는 나를 행복하게 만든 이 아름다운 소식을 전 세계 사람들에게 전하는 일을 한없이 좋아합니다.

"다 이루었다."(요 19:30)

둘째, 생수의 강으로 와 계신 성령님입니다.

성령님은 내 안에 실제로 살아 계신 하나님의 영입니다.

예수님의 영이신 성령님이 내 안에 강물처럼 가득하다는 것이 기쁜 소식입니다. 성경에 "하나님이 우리 속에 거하게 하신 성령"(약 4:5)이라고 말씀했습니다. 내 배에 생수가 터지고 있습니다.

성령님이 내게 찾아 오셨습니다. 지금은 '성령의 시대'입니다.

성령님께서 내게 이렇게 말씀하셨습니다.

"내가 네 안에 실제로 살아 있다."

나의 성령님이 내 안에 살아 계신다는 아름다운 소식은 못생긴 내 얼굴을 환한 빛으로 가득한 얼굴로 만들었습니다. 자신감이 바닥 쳤던 나를 자신감이 철철 넘치는 사람으로 만들었습니다.

"사랑아, 네가 어찌 그리 아름다운지 어찌 그리 화창한지 즐겁게 하는구나."(아 7:6)

며칠 전에 성령님께서 내게 이렇게 말씀하셨습니다.

"예전에 너는 참 못생겼었다. 누구도 너와 함께 있기를 싫어했다. 짜증나는 얼굴이었다. 하지만 나의 능력이 네게 나타났다. 너는 이제 아름답고 행복하고 매력적인 사람이 되었다."

내게 없던 것들이 성령님을 만남으로 인해 다 생겼습니다.

내 마음과 생각, 외모와 행동까지 전부 바뀌었습니다.

"모든 영광을 성령님께 드립니다."

성령님, 눈물 나게 행복합니다

당신은 행복한 사람입니까?

나는 눈물 나게 행복한 사람입니다. 왜 그럴까요?

첫째, 내 눈에서 행복한 눈물만 나게 하신 성령님 때문입니다.

나는 복음을 깨닫기 전에는 밤낮 슬픔의 눈물만 흘렸습니다.

그것도 잠자리에 들 때 흘린 눈물이 대부분입니다. 나의 하루는 슬펐습니다. 내 베개의 하얀 솜은 내가 흘린 눈물로 인해 누렇게 얼룩졌습니다. 그 당시 내가 진정으로 행복했던 날은 다섯 손가락 안에 들 정도라고 성령님께서 내 마음에 말씀하셨습니다.

나는 성령님의 음성을 듣고 깜짝 놀랐습니다.

"내가 그렇게 행복한 날이 없었나?"

내가 생각해도 참 서글픈 인생이었습니다.

나는 30세까지 철이 안 들었습니다. 생각의 크기가 쥐새끼처럼 작았습니다. 그런 내가 성령님의 음성을 듣고 즐겨 순종한 결과 생각의 크기가 많이 커졌습니다. 생각의 넓이도 많이 넓어졌습니다.

성령님은 내게 지혜와 총명을 넘치게 하셨습니다.

"이는 그가 모든 지혜와 총명을 우리에게 넘치게 하사."(엡 1:8)

복음을 깨닫고 행복이 뭔지를 깨달았습니다.

행복은 복음과 함께 친구처럼 내게 찾아 왔습니다.

복음은 바로 나의 애인이신 성령님입니다. 나는 성령님이 내 안에 실제로 살아 계신다는 걸 깨닫고 성령님께 완전히 미쳤습니다.

성령님은 내 안에서 생수의 강처럼 흘러넘치고 있습니다.

"명절 끝날 곧 큰 날에 예수께서 서서 외쳐 이르시되 '누구든지 목마르거든 내게로 와서 마시라. 나를 믿는 자는 성경에 이름과 같이 그 배에서 생수의 강이 흘러나오리라' 하시니 이는 그를 믿는 자들이 받을 성령을 가리켜 말씀하신 것이라."(요 7:37~39)

무엇을 한들 이렇게 행복할까요?

나는 날마다 행복해서 눈물이 납니다.

태어나 행복해서 눈물을 흘린 적이 한 번도 없었습니다.

그런데 성령님 때문에 행복해서 눈물을 흘린 적이 많습니다.

"아, 눈물 나게 행복합니다."

하나님의 뜻은 내가 항상 기뻐하고 쉬지 않고 기도하고 범사에 감사하는 삶이었습니다. "항상 기뻐하라. 쉬지 말고 기도하라. 범사에 감사하라. 이것이 그리스도 예수 안에서 너희를 향하신 하나님의 뜻이니라."(살전 5:16~18) 나는 지금 그렇게 살고 있습니다.

성령님은 때가 차매 복음을 들고 내게 찾아오셨습니다.

하나님이 그분의 뜻을 이루신 것입니다.

나는 천국 가는 날까지 하나님의 뜻대로 살게 되었습니다.

당신도 하나님의 뜻대로 사는 사람입니다.

아름다운 눈물이여

눈물을 흘리며
밥을 먹어봤나요?

복음을 깨닫기 전에는
살기 싫어
슬픔의 눈물을 흘리며
밥을 먹은 적이
많았습니다.

복음을 깨닫고 난 후에는
하나님의 은혜가
하도 감사해
기쁨의 눈물을 흘리며
밥을 먹습니다.

이렇게
아름다운 눈물을
흘리게 해주신 하나님,
억만 번이나 감사합니다.

둘째, 행복하니까 계속 눈물이 납니다.

절대로 행복해질 수 없었던 나였습니다. 나 자신의 정죄 때문이
었습니다. 자신을 정죄하는 사람은 불행하고 1초도 살기 싫습니다.

내가 바로 그 증인입니다. 미쳐서 반나절 정신 병원에도 갇힌 적
도 있습니다. 이렇게 온전케 된 것은 다 하나님의 은혜입니다.

"그러므로 이제 그리스도 예수 안에 있는 자에게는 결코 정죄함이 없나니 이는 그리스도 예수 안에 있는 생명의 성령의 법이 죄와 사망의 법에서 너를 해방하였음이라."(롬 8:1~2)

나 자신의 정죄로 미쳤던 내가 지금은 성령님께 미쳐 삽니다.

그래서 행복합니다. 행복해서 눈물이 납니다.

"내 영혼아, 여호와를 송축하라. 내 속에 있는 것들아, 다 그의 거룩한 이름을 송축하라. 내 영혼아, 여호와를 송축하며 그의 모든 은택을 잊지 말지어다. 그가 네 모든 죄악을 사하시며 네 모든 병을 고치시며 네 생명을 파멸에서 속량하시고 인자와 긍휼로 관을 씌우시며 좋은 것으로 네 소원을 만족하게 하사 네 청춘을 독수리 같이 새롭게 하시는도다."(시 103:1~5)

사람의 말보다 성령님의 음성이 더 크다

당신은 사람의 말보다 성령님의 음성을 크게 생각합니까?

나는 사람의 말보다 성령님의 음성을 더 크게 생각합니다.

나는 복음을 깨닫고 사람들에게 비난의 말을 많이 들었습니다. 그래도 내가 지금 이 자리를 굳게 지킨 이유가 있습니다. 뭘까요?

성령님의 음성을 사람의 말보다 크게 생각했기 때문입니다.

특히 부정적인 말은 티끌같이 작게 생각했습니다.

한 사람은 대놓고 비교하면서 내게 이렇게 말했습니다.

"왜 다른 사람들보다 더 빨리 복을 받지 못하나요?"

꼭 그렇게 남들보다 빨리 복을 받아야 할 필요는 없습니다.

천천히 받아도 됩니다. 어느 날 하나님은 하루 만에 다 주십니다.

재물보다 변함없이 하나님을 경외하는 마음이 더 중요합니다.

솔로몬은 많은 진주보다 지혜를 더 사모하라고 했습니다.

"대저 지혜는 진주보다 나으므로 원하는 모든 것을 이에 비교할 수 없음이니라."(잠 8:11)

얼마 전에 성령님께서 내게 이렇게 말씀하셨습니다.

"은금보다 깨달음이 가장 귀하다. 내가 네게 깨달음을 많이 줬다. 출간을 앞둔 네 책과 시집을 읽고 수많은 마니아가 생길 것이다. 이미 내가 너를 그렇게 만들었다. 너에게 주는 믿음의 상이다."

나는 모든 것을 믿음의 눈으로 바라봅니다.

"믿음은 바라는 것들의 실상이요 보이지 않는 것들의 증거니 선진들이 이로써 증거를 얻었느니라. 믿음으로 모든 세계가 하나님의 말씀으로 지어진 줄을 우리가 아나니 보이는 것은 나타난 것으로 말미암아 된 것이 아니니라."(히 11:1~3)

하나님은 때가 되자 예쁜 시집을 출간하게 하셨습니다.

〈아름다운 여인이여〉라는 내 시집을 읽고 깨달음을 얻고 변화된 사람들에게서 전화가 왔습니다. 감사 문자가 왔습니다. 선물한다고 몇 권 더 구입했습니다. 한 집사님은 내 시집을 읽고 간절히 성령을 체험하고 싶다고 했습니다 그리고 며칠 뒤에 일하고 있는데 성령님께서 뒤에서 꼭 안아 주셨다고 행복했다고 고백했습니다.

또 어떤 분은 "장성한 딸이 아파서 천국에 먼저 갔다. 딸이 너무 보고 싶어 자살하고 싶다"고 내게 전화가 왔습니다. 성령님께서 그분에게 내 시집을 구입하게 하라고 지시하셨습니다.

그분이 내 시집을 읽고 낙심한 영혼이 회복되었습니다.

그동안 내게 많은 시련이 있었지만 성령님만 의지했습니다.

그런 내게 성령님은 "내가 너를 한없이 사랑한다"고 하셨습니다.

그것이 지금의 나를 있게 했고 나는 오직 나를 한없이 사랑하시는 주님만 바라봤습니다. 나는 이렇게 시를 지었습니다.

무더운 한낮 뜨거운 땡볕
십자가에 매달려 죽으시며
내 목마름을 다 가져가신 예수님

그렇게 예수님은
나의 목마름을 해결하기 위해
피와 물을 아낌없이 다 쏟으셨다.

예수님을 믿음으로 내 목마름이 다 사라졌습니다.

"명절 끝날 곧 큰 날에 예수께서 서서 외쳐 이르시되 '누구든지 목마르거든 내게로 와서 마시라. 나를 믿는 자는 성경에 이름과 같이 그 배에서 생수의 강이 흘러나오리라' 하시니 이는 그를 믿는 자들이 받을 성령을 가리켜 말씀하신 것이라."(요 7:37~39)

나는 날마다 성령님만 뜨겁게 사랑했습니다. 해가 갈수록 성령님이 더욱 좋았습니다. 오직 성령님만 바라보고 경외했습니다.

나를 한없이 사랑한다는 성령님의 음성만 마음에 새기고 산 내게 성령님께서 날마다 많은 복을 주셨습니다. 나를 신명기 28장에 나오는 세계 모든 민족 위에 뛰어난 인물로 만드셨습니다.

"네가 네 하나님 여호와의 말씀을 삼가 듣고 내가 오늘 네게 명령하는 그의 모든 명령을 지켜 행하면 네 하나님 여호와께서 너를 세계 모든 민족 위에 뛰어나게 하실 것이라."(신 28:1)

그분의 사랑을 마음 판에 새기도록 내 마음을 주장하신 성령님, 억만 번이나 감사합니다.

나는 예배 시간에 성령님의 얼굴을 본다

당신은 예배 시간에 성령님의 얼굴을 봅니까?

나는 예배 시간에 믿음으로 성령님의 얼굴을 봅니다.

나는 그렇게 성령님의 얼굴을 생생히 본 지 오래 되었습니다.

나는 일대일의 성령님만 바라보며 예배합니다. 예배 시간에 내 눈에는 오직 성령님만 보입니다. 나는 예배를 아주 적극적으로 드리고 싶어서 맨 뒤에 앉고 싶다고 성령님께 말씀드린 적이 있습니다. 마음껏 성령님께 사랑과 감사를 표현하고 싶어서입니다.

나는 오직 내 앞에 계신 성령님만 바라보며 예배하는데, 성령님이 나를 한 번씩 만지시면 내 몸이 감당하지 못할 때가 있습니다. 그럴 때 함께 예배하는 성도들을 존중해야 하기 때문에 맨 뒤에 앉으려고 했습니다. 하지만 성령님께서 내가 앉는 맨 앞자리에 그대로 앉으라고 지시하셨습니다. 성령님은 나의 그런 마음을 다 아십니다. 얼마 전에 성령님께서 내게 이렇게 말씀하셨습니다.

"너는 예배 시간에 믿음으로 내 얼굴을 보며 내 입술에 키스를 하지. 어쩔 때는 나도 네 입술에 키스를 하는 걸 너도 느낀다. 나는 네가 예배하는 모습이 너무 예뻐서 네 허리를 잡고 네 입술에 키스한다. 너는 너무 좋아서 나를 보고 환하게 웃지. 사랑해. 아주 많이."

나는 어떻게 성령님의 얼굴을 볼까요?

첫째, 믿음의 눈으로 봅니다.

나는 내 안에 성령님이 실제로 살아 계신다는 걸 복음을 깨닫고 알았습니다. 성령님은 내 안에만 계신 것이 아니라 내 위에, 내 뒤에도 계십니다. 영광의 구름으로 나를 둘러싸고 계십니다.

"너희는 너희가 하나님의 성전인 것과 하나님의 성령이 너희 안에 계시는 것을 알지 못하느냐?"(고전 3:16)

나는 2천 년 전에 그리스도와 함께 십자가에 못 박혀 죽었습니다. 내 이마와 내 손에 예수 이름이 새겨졌습니다. 내가 '예수님의 소유'라는 뜻입니다. 내 영과 내 몸은 예수님을 영접하는 순간 예수님의 것이 되었습니다. 복음을 듣고 나의 존재감을 알게 되었습니다. 내게 복음을 깨닫게 해주신 하나님께 모든 영광을 돌립니다.

내 안에 하나님의 믿음이 있습니다. 나는 믿음으로 삽니다. "오직 의인은 믿음으로 말미암아 살리라 함과 같으리라."(롬 1:17)

하나님의 믿음은 없는 것을 있는 것같이 보게 합니다.

"믿음은 바라는 것들의 실상이요."(히 11:1)

나는 온전한 믿음으로 하나님을 바라봅니다. 하나님은 영이시므로 내 육체의 눈에는 보이지 않지만 나는 믿음으로 하나님을 봅니다. 하나님의 계획은 내가 내 앞에 서 계신 성령님을 믿음으로 보고 그분과 뜨겁게 사랑을 나누며 사는 것이었습니다. 그 일이 성공을 이뤘습니다. 성공은 바로 기독교 신앙의 핵심인 '일대일의 하나님과의 교제'입니다. 일대일로 하나님과 독대하는 것입니다.

나는 복음을 깨닫기 전에 하나님이 하늘에만 계신다고 생각하며 막연히 하늘에 계신 하나님께 기도했습니다. 그러다 복음을 깨달은 후에는 하나님의 영이자 예수의 영이신 성령님이 이 땅에 오셨고 예수를 믿는 모든 사람에게 내주하신다는 사실을 알게 되었습니다.

나는 뜨거운 성령을 체험했고 하나님의 실제적인 손과 따뜻한 기운을 느꼈습니다. 하나님과 친밀한 대화 속에 빠지게 되었습니다.

성령을 체험한다는 건 정말 중요합니다. 성령 체험을 간절히 사모하십시오. 하나님은 사모하는 사람에게 반드시 응답을 주십니다.

당신 안에 하나님이 선물로 주신 '하나님의 믿음'이 있습니다.

그 믿음으로 당신 앞에 계신 성령님의 얼굴을 보면 됩니다.

둘째, 하나님이 주신 은혜입니다.

내가 하는 좋은 행동은 다 주님께로부터 온 것입니다. 내가 천국 가는 날까지 할 말은 "주님께로부터 와서 주님과 함께 살다가 주님께로 돌아갑니다. 주님, 눈물 나게 행복했습니다"입니다.

이것이 나의 마지막 유언입니다. 내게 주님만 바라보도록 믿음의 눈을 열어 주신 하나님의 은혜에 감사드리며 모든 영광을 하나님께 돌립니다. 하나님, 억만 번이나 감사합니다.

나는 성령님을 의지하며 항상 깨어 있다

당신은 항상 깨어 있습니까?

나는 성령님을 의지하며 항상 깨어 있습니다. 복음을 깨닫기 전에 나는 항상 죽어 있었습니다. 살아 있지만 죽은 시체 같았습니다.

이런 나를 하나님께서 항상 깨어 있는 사람으로 만드셨습니다.

나는 어떤 것에 항상 깨어 있을까요?

첫째, 나는 복음에 깨어 있습니다.

복음은 곧 하나님입니다. 그러므로 나는 나를 둘러싸고 있는 성령님, 내 안에 숨 쉬고 계신 성령님께 항상 깨어 있습니다. 깨어 있다는 것은 집중한다는 뜻입니다. 나는 내 온 몸과 신경, 세포가 성령님께만 집중되어 있습니다. 성령님이 나의 전부이십니다.

둘째, 나는 책임감으로 항상 깨어 있습니다.

어리바리하고 철까지 안 들었던 내게 지혜와 총명의 신이신 성령님이 찾아 오셨습니다. 그분이 내게 지혜와 총명을 주셨습니다.

"이는 그가 모든 지혜와 총명을 우리에게 넘치게 하사."(엡 1:8)

나는 영혼에 대해 관심이 없었습니다. 성령님께서 그런 내게 영혼에 대한 책임감을 갖도록 마음을 주셨습니다. 나는 내게 주어진 영혼들을 한없이 귀하게 여겼고 주님이 시키는 대로 다 했습니다.

전도, 인도, 양육 등 그때그때마다 성령님께서 하라고 지시하시는 대로 다 했습니다. 나는 성령님께서 내게 맡기신 일에 대해 책임감이 아주 강합니다. 그래서 그 일을 완수하려고 깨어 있습니다.

셋째, 나는 진실함에 대해 깨어 있습니다.

나는 진실한 걸 좋아합니다. 진실이란 '거짓이 없다'는 것입니다.

하나님은 거짓말을 아주 싫어하십니다. 십계명에 "거짓 증거 하지 말라"고 하셨습니다. 거짓말은 죄입니다. 나는 책을 쓸 때 진실하게 씁니다. 그동안 나는 주님의 도우심을 따라 책을 썼습니다.

나는 책을 쓰기 전에 주님께 도움을 부탁하고 씁니다. 그리고 책을 다 쓴 후에는 혹시 추가할 것과 뺄 것이 있는지 주님께 물어봅니다. 몇 년 동안 어떤 상황에서도 나는 계속 책을 썼습니다. 365일 중에 주일만 빼고 매일 한 꼭지씩 습관을 따라 책을 썼습니다.

그때마다 성령님께 도움을 부탁했습니다.

"성령님, 지금 글을 쓰려고 합니다. 온전한 복음만 많이 담고 제 이야기는 조금만 쓰게 해주세요. 책 쓰기의 일곱 가지 핵심 원리로 정확하게 쓰게 해주세요. 예수님의 피와 심장, 사랑으로 쓰게 해주세요. 하나님께만 영광 돌리는 글, 행복하고 감사한 글만 쓰게 해주세요. 제 손을 움직여 주세요. 부탁합니다. 도와주세요."

내 안에 진실함의 자체이신 성령님이 살아 계십니다. 그러므로 나는 진실하게 책을 씁니다. 당신도 진실한 사람입니다.

나는 하나님께 영광 돌리기 위해 태어났다

당신은 변함없이 하나님을 경외합니까?

나는 어떤 일이 있어도 변함없이 하나님을 경외합니다.

예전에 나는 하나님을 경외하지 않았습니다. 나는 삼대 째 불신자 집안에 태어났습니다. 우리 집에는 늘 부적이 있었습니다. 그때 나는 부적이 너무나 보기 싫었는데 그것이 내 안에 살아 계신 성령님의 마음이었다는 걸 복음을 깨닫고 난 후에 알게 되었습니다.

우리 가족은 찢어지게 가난했습니다. 그런데도 엄마는 거지들이 오면 항상 마당으로 들어오라고 해서 먹을 걸 주곤 했습니다. 엄마는 아무리 부처에게 빌어도 되는 일이 없다며 내게 부탁하셨습니다.

"미혜야, 너는 결혼하면 꼭 교회에 가렴."

나는 첫 아이를 우리 집 옆에 있는 교회에서 운영하는 어린이 집에 맡겼습니다. 그런 이유로 자연스럽게 교회에 나가게 되었습니다.

하지만 그 당시 내가 교회에 간 건 1년에 열 손가락 안에 들 정도였습니다. 나는 복음을 깨닫기 전까지는 십계명대로 살지 않았습니다. 참으로 신기한 건 엄마의 따끔한 충고의 말씀입니다.

"그렇게 교회 다니지 말고 예수에게 미치려면 완전히 미쳐라."

그 당시 예수님도 영접하지 않았던 엄마가 나의 신앙생활이 엉망인 걸 꾸짖은 것입니다. 때가 차매 하나님의 은혜가 내게 임했습니다. 30세가 넘은 내게 성령님이 찾아와 복음을 깨닫게 해주셨습니다. 성령님께서 잠실에 있는 서울목자교회로 우리 가족을 옮기게 하셨습니다. 나는 복음을 깨닫고 주일 예배에 빠진 적이 없습니다.

하지만 복음을 깨닫고 기뻐 뛰며 춤을 추는 내게 가까운 사람들로부터 박해가 시작되었습니다. 한 사람은 몇 달 동안 내게 차마 입에 담지 못할 욕설을 퍼부었습니다. 나는 태어나 그런 욕은 처음 들었습니다. 나는 속으로 이렇게 생각했습니다.

'세상에 이렇게 흉악한 욕도 있나?'

성령님께서 그때 내게 아무 말도 하지 말고 그냥 듣고만 있으라고 하셨습니다. 그리고 내 책에 그 이야기를 쓰라고 하셨습니다.

나는 어떤 상황에서도 하나님을 뜨겁게 사랑했습니다.

하나님만 한없이 의지했습니다. 성령님의 음성을 듣고 '죽으면 죽으리라' 하고 순종했던 나는 참으로 많은 일을 겪었습니다.

그 일들로 인해 천만 인이 나를 둘러친다고 해도 전혀 두렵지가 않은 담대한 사람이 되었습니다. 나를 향한 하나님의 한없는 사랑의 작업으로 인해 내 자아가 죽었고 지금은 오직 내 안에 주님만 살아 계십니다. 나는 그분을 믿는 믿음으로 삽니다. "내가 그리스도와 함께 십자가에 못 박혔나니 그런즉 이제는 내가 사는 것이 아니요 오직 내 안에 그리스도께서 사시는 것이라. 이제 내가 육체 가운데 사는 것은 나를 사랑하사 나를 위하여 자기 자신을 버리신 하나님의 아들을 믿는 믿음 안에서 사는 것이라."(갈 2:20)

니는 내게 그렇게 한 사람들 때문에 힘들다고 하나님께 원망 불평하지 않았습니다. 하나님은 그런 내 삶을 인정해 주셨습니다.

하나님은 내게 하나님을 경외하는 마음, 하나님을 뜨겁게 사랑하는 마음을 부어 주셨습니다. 그 이유는 뭘까요?

첫째, 자아가 비워진 종으로 주님께만 영광을 돌리는 삶을 살게 하기 위해서입니다.

둘째, 하나님이 보시기에 내가 하나님을 경외하면서 하나님만 뜨겁게 사랑할 걸 아셨습니다. 예전에 나는 그 무엇으로도 채울 수 없는 지옥 같은 외로움을 겪었습니다. 그런 나의 외로움을 단방에 해결해 주시기 위해 예수님이 영으로 내 안에 찾아오셨습니다.

"명절 끝날 곧 큰 날에 예수께서 서서 외쳐 이르시되 '누구든지 목마르거든 내게로 와서 마시라. 나를 믿는 자는 성경에 이름과 같이 그 배에서 생수의 강이 흘러나오리라' 하시니 이는 그를 믿는 자들이 받을 성령을 가리켜 말씀하신 것이라."(요 7:37~39)

복음을 깨닫고 난 후 몇 달 만에 엄마와 오빠가 예수님을 영접했습니다. 엄마는 예수님께 완전히 미쳐 사는 내가 한없이 자랑스러우나 봅니다. 부요하신 하나님께서는 복음을 깨달은 내게 지인을 통해 색동저고리를 사서 입혀 주셨습니다. 성령님께서 색동저고리 입고 찍은 내 사진을 액자로 만들어 출간된 책과 함께 엄마에게 선물하라고 하셨습니다. 엄마는 집에 오는 사람마다 보게 한다고 액자를 거실에 두셨습니다. 엄마는 내가 무척 자랑스러우나 봅니다. 부모형제와 남편에게 걱정만 주던 내가 집안의 자랑거리가 되었습니다.

"모든 영광을 나의 주님께 드립니다."

내 얼굴만 보면 행복이 전염된다

당신은 항상 웃고 다닙니까?

나는 항상 생글생글 웃고 다닙니다.

얼마 전에 주일예배 설교 시간에 주의 종을 통해 성령님께서 이렇게 말씀하셨습니다. "어떤 사람은 뭐가 그리 좋은지 늘 웃고 다닙니다. 오직 하나님만 바라보기 때문입니다."

나는 말할 수 없이 행복한 예배를 드리고 나서, 성령님께 예배 시간에 내게 하신 말씀이 뭔지 물어봤습니다. 그러자 성령님께서는 뭐가 그리 좋은지 항상 웃고 다니는 사람이 나라고 말씀하셨습니다.

"너는 오직 나만 바라보고 웃고 또 웃지. 수많은 일이 있었지만 내게 완전히 미쳐 나 밖에 안 봐. 네 얼굴만 봐도 행복이 전염된다."

얼마 전에 성령님께서 작은 선물을 하나 주셨습니다. 내가 꼭 갖고 싶었던 것이었는데 반짝 반짝 빛나는 별과 달이 가득 담긴 작은 컵 모양의 가죽가방이었습니다. 내 손바닥보다 작은 크기입니다.

그 가방에 예쁜 액세서리를 달고 싶었습니다. 3개월 뒤에 내 가방을 만든 회사에서 파는 액세서리를 성령님께서 보여주셨습니다. 보는 순간 내 맘에 쏙 들었습니다. 성령님께서 남편에게 당장 전화해서 부탁하라고 하셨습니다. 나는 기회가 오면 무조건 잡습니다.

결국 내가 원하는 걸 정확하게 얻어냈습니다.

성령님께서 그 액세서리를 가방에 달라고 하셨습니다.

얼마 전에 성령님께로부터 니의 새로운 책 출간에 내한 선물로 카메라가 세 개 달린 최신형 핸드폰과 에어팟을 받았습니다. 성령님께서는 복음으로 인해 행복해 하는 내가 너무나 자랑스럽다고 투명 핸드폰 케이스에 내 전신사진이 박힌 명함을 넣으라고 하셨습니다. 나는 머리부터 발끝까지 주님의 코칭을 받습니다.

나는 그동안 주님이 하라는 대로만 했습니다.

나는 집도 호텔처럼 깔끔하게 관리합니다. 성령님께서 버리라고 하는 건 다 버리고 꼭 있어야 할 것들만 둡니다.

예전에 우리 집에 온 정수기 기사님이 놀라며 말했습니다.

"고객님 댁은 정말 깔끔합니다."

성령님을 만남으로 나는 깨끗하고 깔끔한 어린아이 같은 몸과 마음이 되었습니다. 또한 성령님과 함께 해보고 싶은 걸 다 해봅니다.

나는 성령님과 어떤 걸 해 보고 싶을까요?

첫째, 천국 가는 날까지 태어나 한 번도 해보지 못했던 뜨거운 사랑을 예수님과 해보고 싶습니다. 그것이 내가 존재하는 이유입니다.

예수님께 완전히 미치니 만물이 티끌 같습니다. 예수님을 사랑하니 만물은 저절로 내게 주어졌습니다. 부요한 하나님께서 시간과 공간을 초월해 내가 구한 모든 걸 이미 다 주셨다고 하셨습니다.

나는 주님의 음성을 조금도 의심하지 않고 믿습니다.

주님의 음성 한 마디는 억만 달란트와 같습니다. 주님의 음성이 지금의 내가 있게 했습니다. 모든 것이 내 믿음대로 됩니다. 당신도 성경을 통해 주시는 하나님의 말씀, 그리고 일상에 주시는 세미한 음성을 소중히 여기십시오. "태초에 말씀이 계시니라. 이 말씀이 하나님과 함께 계셨으니 이 말씀은 곧 하나님이시니라."(요 1:1)

나는 꿈을 다 이룬 사람답게 생각하고 말하고 행동합니다.

당신도 성령 안에서 이미 꿈과 소원을 다 이루었습니다.

둘째, 부요한 하나님 아빠와 함께 그동안 가난에 찌들어서 해보지 못했던 것을 다 해보고 싶습니다. 나는 복음을 깨닫고 부요한 하나님 아빠에게 제한 없이 마음껏 구했습니다. 예수님은 "무엇이든지 구하면 내가 행하겠다"고 약속하셨습니다.

당신도 마음껏 구하십시오.

내가 꿈꾸고 하나님께 구한 순간부터 믿음의 시련이 왔습니다. 그래도 괜찮습니다. 그런 믿음의 시련이 와도 내 마음은 억만 번이나 행복합니다. 억만 번이나 기쁩니다. 나는 나를 한없이 기쁘게 해주는 주님만 봅니다. 나를 한없이 행복하게 해주는 주님만 봅니다.

그래서 나는 하나님께로부터 믿음의 상을 많이 받았습니다.

주님 때문에 앞으로도 많은 믿음의 상을 받고 살 것입니다.

우리는 그리스도 안에서 하나님의 자녀이고 의인입니다.

우리는 저주가 아닌 복을 받기 위해 태어난 사람입니다.

당신은 복덩이가 되었습니다.

성령님과 친밀하게 지내는 비결

당신은 당신의 이름을 불러 주시는 성령님과 친밀합니까?

나는 내 이름을 자상하게 불러 주시는 성령님과 아주 친밀합니다. 복음을 깨닫고부터 너무 행복해서 내 마음으로 또 내 입술로 수없이 "성령님, 하나님, 주님, 예수님, 아빠, 아버지"를 불렀습니다.

살면서 내 이름을 가장 많이 불러 주신 분은 성령님입니다. 얼마 전에도 성령님께서 세미한 음성으로 내 이름을 부르셨습니다.

'미혜야!'

나는 '네' 하고 대답했습니다. 성령님께서는 내 이름을 부른 후에 아무 말씀이 없었습니다. 나는 성령님께서 왜 내 이름을 부르시고 아무 말씀이 없는지 궁금했습니다. 궁금해 하는 내게 성령님께서 이렇게 말씀하셨습니다. '할 말을 잃었다. 네가 너무 예뻐서.'

나는 성령님을 보며 어린아이처럼 활짝 웃으며 말했습니다.

"너무 로맨틱하세요."

그리고 나는 이렇게 생각했습니다.

'얼마나 예쁘셨으면 할 말을 잃으셨을까?'

성령님은 하고 싶으면 하고 하기 싫으면 안 하시는 분입니다.

그 누구도 전지전능한 하나님이 하시는 일에 대해 막을 수 없습니다. 성령님은 그 무엇에도 제한을 두지 않으십니다.

나는 또 이렇게 생각했습니다.

'성령님이 그렇다면 그런 거지.'

그동안 성령님과 친밀하게 지내면서 여러 가지 일이 있었습니다.

성령님께서 내게 하던 걸 그만 하라고 하실 때도 있었습니다.

이유를 물을 필요가 없습니다. 성령님께서 내게 그 이유를 말해 주고 싶으셨으면 말씀하셨을 것입니다.

어제는 하지 말라는 걸 며칠이 지난 뒤에는 다시 하라고 하신 것도 있습니다. 나는 성령님께 '어제는 하지 말라고 해 놓고서 오늘부터는 또 하라고 하세요?'라고 따지지 않았습니다.

나는 항상 하나님을 경외합니다. 하나님을 경외하는 사람은 하나님과 친밀합니다. 그 친밀함 속에는 하나님을 존중하는 마음, 하나님을 사랑하는 마음, 하나님을 두려워하는 마음이 있습니다.

"여호와의 친밀하심이 그를 경외하는 자들에게 있음이여, 그의 언약을 그들에게 보이시리로다."(시 25:14)

주님은 하나님을 전혀 경외하지 않던 내게 찾아 오셨습니다.

주님과 전혀 친밀하지 않던 내게 찾아 오셨습니다. 그분이 나를 찾아오신 것은 그분의 일방적인 은혜와 사랑이었습니다.

내가 성령을 체험하는 순간부터 하나님께서는 내게 '독대하는 마음'을 주셨습니다. 하나님을 경외하는 마음과 친밀해지는 마음을 주셨습니다. 이것은 모두 나를 통해 하나님이 그분의 일을 하시기 위해서였습니다. 왜 내게 하나님과 독대하는 마음과 하나님을 경외하는 마음과 하나님과 친밀해지는 마음을 주셨을까요?

첫째, 하나님만 자랑하게 하기 위해서입니다.

둘째, 전 세계 사람들에게 복음을 전하기 위해서입니다.

하나님은 '죄목병가어징죽'의 지옥 같은 삶은 살던 나를 택해 전 세계 사람들에게 '의성건부지평생'의 천국 같은 삶이 뭔지를 깨닫게 하기 위해 나를 택하셨습니다. 예수님께서는 정말 중요한 말씀을 하실 때 자리에서 일어나 외치셨습니다. 그것이 무엇일까요?

"명절 끝날 곧 큰 날에 예수께서 서서 외쳐 이르시되 '누구든지 목마르거든 내게로 와서 마시라. 나를 믿는 자는 성경에 이름과 같이 그 배에서 생수의 강이 흘러나오리라' 하시니 이는 그를 믿는 자들이 받을 성령을 가리켜 말씀하신 것이라."(요 7:37~39)

이 메시지는 내 삶에 전부를 드릴 정도로 나를 완전히 바꿨습니다. 성경은 말씀합니다. "너희는 너희가 하나님의 성전인 것과 하나님의 성령이 너희 안에 계시는 것을 알지 못하느냐?"(고전 3:16)

예수님이 생수의 강으로 내 안에 가득히 들어오신 것입니다.

"아, 나의 예수님 사랑합니다."

복음을 깨닫고부터 일초도 외롭지 않습니다. 나는 지금 몇 년째 성령님과 단 둘이서 사무실에 앉아 복음을 전하고 있는데 억만 번이나 행복합니다. 해가 갈수록 성령님과 더욱 더 친밀합니다.

셋째, 하나님은 내가 너무나 연약해서 오직 성령님만 경외할 줄 아셨습니다. 성령님만 의지하며 그분과 친밀하게 될 줄 아셨습니다.

나는 나이를 먹어도 하나님 앞에서는 어린아이 같습니다.

그래서 밤낮 힘센 하나님 아빠만 찾습니다.

"아빠, 아빠, 아빠."

나는 하나님 아빠를 수없이 불렀습니다. 날마다 하나님 아빠와 친밀하게 독대했습니다. 그분은 내가 하는 모든 일을 다 주님이 하셨다는 고백을 입에 달고 살게 하셨습니다. 나는 혼자 아무것도 못해서 주님께 날마다 지혜를 주시고 도와 달라고 부탁했습니다.

"나를 떠나서는 너희가 아무 것도 할 수 없음이라."(요 15:5)

내게 성령님과 독대하는 한없는 즐거움을 주신 하나님께 모든 영광을 돌립니다. 당신도 하나님을 경외하며 하나님과 친밀합니다.

하나님의 따뜻한 손을 경험하다

당신은 이 땅에 살아 계신 하나님을 압니까?

나는 이 땅에 살아 계신 하나님을 만나서 잘 압니다.

나는 초등학교 6학년 때 예수님을 영접했습니다. 하지만 교회에는 나가지 않았습니다. 결혼 후 아이를 우리 집 옆 교회에서 운영하는 어린이집에 보내는 계기로 교회에 나가게 되었습니다.

내가 교회에 간 건 일 년에 열 손가락 안에 들었습니다.

교회에 가긴 했지만 왜 가는지 의미도 없었습니다.

나는 삼 대째 불신자 집안에 태어났습니다. 30세가 넘도록 하나님이 하늘에만 계신다고 생각했습니다. 그런 내게 하나님께서 기도하게 하셨습니다. 기도 중인 내 정수리에 하나님께서 손을 얹으셨습니다. 그 손은 나를 낳아 준 아버지의 손처럼 컸습니다.

하나님의 손이 너무나 따뜻했습니다.

나는 성령에 대해 전혀 몰랐기에 그 당시 내가 섬기던 목사님께 물어봤습니다. 내게 있었던 일을 그대로 목사님께 말씀드렸습니다.

내 말을 듣고 목사님께서 친절하게 대답해 주셨습니다.

"그건 좋은 것입니다."

나는 목사님의 말씀을 듣고 이렇게 생각했습니다.

'하나님이 만져 주신 건 좋은 거구나.'

나는 하나님의 손을 체험하고 이렇게 깨달았습니다.

"하나님은 실제로 살아 계시는구나. 손이 참으로 따뜻한 분이구나. 인간처럼 손과 발, 눈, 코, 입, 체온이 있구나."

나는 성령을 체험하고 하나님을 대해 더 알고 싶어졌습니다. 그래서 인터넷을 찾아 봤습니다. 방언이라는 게 눈에 띄었습니다.

며칠 뒤에 하나님은 방언을 간절히 사모하는 내게 기도하는 중에 주셨습니다. 나는 성령을 체험하고 하나님을 더 사랑하게 되었습니다. 거의 하지 않았던 '기도'를 하게 되었습니다. 다니엘처럼 창문을 열어 놓고 방언으로 몇 시간을 무릎을 꿇고 기도했습니다.

3개월 뒤에 성령님의 인도로 서울목자교회에 왔습니다.

서울목사교회에서 온전한 복음을 듣게 되었습니다.

"명절 끝날 곧 큰 날에 예수께서 서서 외쳐 이르시되 '누구든지 목마르거든 내게로 와서 마시라. 나를 믿는 자는 성경에 이름과 같이 그 배에서 생수의 강이 흘러나오리라' 하시니 이는 그를 믿는 자

들이 받을 성령을 가리켜 말씀하신 것이라."(요 7:37~39)

나는 복음을 듣고 예수님께 완전히 미쳤습니다.

어제도 오늘도 영원히 예수님께 미쳐 삽니다.

왜 나는 예수님께 영원히 미쳐 살까요?

내 안에 살아 계신 예수님, 나를 위해 피와 물을 다 쏟으신 예수님 때문입니다. 나는 예수님이 하나님의 아들인 줄만 알았습니다. 그런데 예수님은 내 아빠였고 내 남편이었습니다. 내 애인이고 내 친구였습니다. 내 선생님이었고 코치였습니다. 나의 가장 좋은 보혜사였습니다. 이사야 9장 6절에 "이는 한 아기가 우리에게 났고 한 아들을 우리에게 주신 바 되었는데 그의 어깨에는 정사를 메었고 그의 이름은 기묘자라, 모사라, 전능하신 하나님이라, 영존하시는 아버지라, 평강의 왕이라 할 것임이라"라고 했습니다.

하늘에만 계신다고 생각한 하나님의 영, 예수의 영이 성령으로 내 안에 오셨습니다. "너희는 너희가 하나님의 성전인 것과 하나님의 성령이 너희 안에 계시는 것을 알지 못하느냐."(고전 3:16)

아, 눈물 나게 행복합니다.

내 삶의 전부가 되신 성령님 때문에 이 땅에서의 삶이 천국 같습니다. 나는 날마다 성령님을 믿음의 눈으로 바라봅니다. "오직 의인은 믿음으로 말미암아 살리라 함과 같으리라."(롬 1:17)

나는 손으로 하트를 만들어 내 앞에 계신 주님께 보냅니다.

성령님도 내가 하는 것처럼 손으로 하트를 만들어 주십니다.

그분은 나를 아주 사랑스럽게 보십니다. "사랑아, 네가 어찌 그리 아름다운지 어찌 그리 화창한지 즐겁게 하는구나."(아 7:6)

일대일의 하나님을 알게 해주신 하나님께 모든 영광을 돌립니다.
하나님, 모든 영광을 받으소서.

성령님의 인도를 받아 영혼을 살려라

당신은 순간마다 성령님의 인도를 받고 있습니까?

성령님의 인도를 받으면 한 영혼이라도 더 살릴 수 있다는 것을 아십니까? 나는 너무나 잘 알고 있습니다. 나는 복음을 깨닫고부터 날마다 성령님의 인도를 받았습니다. 아무것도 하지 않은 내게 성령님께서는 그분을 한없이 의지하는 마음을 부어 주셨습니다. 그분은 내게 성령님의 인도만 받으며 실고자 하는 마음을 주셨습니다.

나는 이 땅에서의 삶에 대해 미련도 없고 의미도 없었습니다.

매일 죽지 못해 사는 내 삶에 주님이 찾아 오셨습니다.

나는 주님을 만나기 전에 날마다 악몽만 꿨습니다. 잠들기가 두려울 때가 많았습니다. 어둠은 내 삶의 전부였습니다.

얼마 전에 이재연 작가님의 책을 읽고 깨달음을 얻었습니다.

"죄는 저주를 불러오고 저주는 죽음을 불러옵니다. 의는 축복을 불러오고 축복은 행복을 불러옵니다."

이재연 작가는 내 딸입니다. 그녀는 하나님을 만남으로 천재작가가 되었고 중학교 2학년 때 정식으로 책을 출간했습니다.

나는 복음을 깨닫고 축복의 통로가 되었습니다. 모든 일에 성령님의 인도를 받았습니다. 내가 책을 출간하자 두 아이가 모두 천재작가가 되었습니다. 내 아들은 초등학교 때 정식으로 책을 출간했습니다. 성령님의 인도를 받지 못했다면 절대 불가능한 일입니다.

성령님은 나를 통해 살릴 영혼들을 준비하신 분입니다.

나는 그동안 성령님의 인도로 정확하게 영혼을 수확했습니다.

나는 예전에 성령님의 인도를 따라 7년 동안 매일 비가 오나 눈이 오나 바람이 부나 상관없이 두세 시간씩 전도했습니다. "너는 범사에 그를 인정하라. 그리하면 네 길을 지도하시리라."(잠 3:6)

그때 전도하면서 얻은 깨달음을 고스란히 내 책과 시집에 담았습니다. 나는 그때나 지금이나 성령님께서 살리라고 지시하는 사람에게 복음을 전하고 예수님을 영접시켜 그 영혼을 살립니다.

내 마음 가짐은 항상 "한 영혼이 천하보다 귀하다"입니다.

나는 의인이 되어 날마다 축복만 임합니다.

축복이 임하자 날마다 행복해졌습니다.

의성건부지평생의 복이 나를 행복하게 만들었습니다.

내 인생에 저주가 떠나자 매일 행복한 꿈을 꾸게 되었습니다.

당신은 자신을 정죄하지 않습니까? 이제 멈추십시오.

당신 자신을 정죄하면 다른 사람들도 당신을 정죄합니다.

당신 자신을 축복해야 다른 사람들도 당신을 축복합니다.

모든 게 당신부터 시작됩니다.

"그러므로 이제 그리스도 예수 안에 있는 자에게는 결코 정죄함이 없나니 이는 그리스도 예수 안에 있는 생명의 성령의 법이 죄와 사망의 법에서 너를 해방하였음이라."(롬 8:1~2)

내 안에 하나님을 뜨겁게 사랑하는 마음과 영혼을 향한 뜨거운 열정을 가지고 들어오신 주님께 모든 영광을 돌립니다.

성령님의 인도를 받고 사는 사람은 행복한 사람입니다.

왜 행복한 사람일까요?

첫째, 지혜와 총명의 신이신 성령님만 의지하기 때문입니다.

나는 전능하신 성령님의 인도를 받고 사는 것을 좋아합니다.

그 길은 축복의 길이고 죽은 영혼을 살리는 길이기 때문입니다.

예수님이 십자가에서 피 흘려 죽으시며 내게 베풀어 주신 한없는 은혜를 갚을 길이 없습니다. 그래서 나를 통해 하나님이 원하시는 일을 마음껏 하시도록 내 몸을 산 제물로 완전히 드렸습니다.

주님이 나를 통해 전도하며 죽은 영혼을 마음껏 살리십니다.

"아, 억만 번이나 행복합니다. 눈물 나게 행복합니다."

둘째, 성령님의 인도로 억만 번이나 행복해졌습니다.

성령님은 '일대일의 하나님'입니다. 성령님의 일은 내가 억만 번이나 행복해지는 것이었습니다. 전 세계 사람들이 다 행복해진다 한들 내가 행복하지 않다면 성령님이 기쁘시겠습니까? 아닙니다.

일대일의 성령님의 관심은 오직 나입니다. 오직 당신입니다.

나는 성령님의 인도하심으로 인해 자아가 죽은 후로 어떤 상황과 환경에서도 한없이 평온하고 행복합니다. 날마다 웃고 또 웃습니다.

나는 억만 번이나 행복한 사람입니다.

나의 아름다운 예수님, 사랑합니다

당신은 아름다운 사람입니까?

나는 아름다운 사람입니다. 왜 아름다운 사람일까요?

첫째, 하나님을 경외하기 때문입니다. 얼마 전 주일예배 시간에 김열방 목사님을 통해 성령님께서 이렇게 말씀하셨습니다.

"성경 인물들이 아름다운 건 하나님을 경외하기 때문입니다."

나는 하나님을 전혀 경외하지 않았습니다. 그때 내 모든 것은 전혀 아름답지 않았습니다. 매력이라고는 전혀 없었습니다.

그런 내게 성령님께서 '하나님을 경외하는 마음'을 주셨습니다.

복음을 깨닫고 어떤 상황에서도 하나님을 경외했습니다. 5년 전에 김열방 목사님께서 주일예배 설교 시간에 말씀하셨습니다.

"여러분은 저보다 더 많은 복을 받기 바랍니다."

나는 그 말씀이 내게 하신 말씀으로 들렸습니다. 성령님께서 내 마음을 열어 그 말씀을 듣게 하신 것입니다. 나는 성령님께서 김열방 목사님을 통해 내게 말씀하신 대로 넘치는 응답을 받았습니다.

성령님께서 내게 말씀하셨습니다.

"너는 이미 많은 복을 받았다."

복음을 깨닫기 전에는 '경외'라는 말뜻도 몰랐고 하나님을 경외하는 게 뭔지 몰랐습니다. 내 마음의 주관자 되시는 주님이 내 마음을 경외하도록 움직인 것입니다. 나는 하나님을 영원히 경외합니다.

둘째, 날마다 한없이 평온합니다. 하나님을 경외하는 사람이 되자 어떤 상황에서도 내 마음은 한없이 평온합니다. 하나님을 몰랐을 때는 앞날이 캄캄했고 불안하고 초조했습니다. 그때는 나 밖에 모르는 이기적인 사람이었고 남에 대한 배려라고는 없었습니다.

지금은 달라졌습니다. 얼마 전, 주일 예배를 드리기 전에 나만의 시간을 갖기 위해 교회 옆에 있는 스타벅스에 갔습니다. 나는 통유리로 아름답게 만든 창가 자리에 앉는 걸 좋아합니다. 몇 년 전에 하나님께서 내가 지나다니던 길에 없었던 스타벅스를 나를 위해 만드셨습니다. 내가 딱 한 번 기도한 게 응답된 것입니다.

"2층에 창밖이 훤히 보이는 통유리로 된 스타벅스 주셨음. 억만 번이나 감사합니다."

당신도 믿음으로 구하면 다 받습니다.

"내가 너희에게 말하노니 무엇이든지 기도하고 구하는 것은 받은 줄로 믿으라. 그리하면 너희에게 그대로 되리라."(막 11:24)

오직 믿음으로 구하고 조금도 의심하지 마십시오.

"오직 믿음으로 구하고 조금도 의심하지 말라."(약 1:6)

나 한 사람을 위해 갑자기 없던 스타벅스가 생긴 것입니다. 부요한 성령님은 내가 구한 것보다 더 아름답게 만들어 주셨습니다.

"믿음은 바라는 것들의 실상이요."(히 11:1)

창밖을 보며 나만의 시간을 갖고 있는데 내 옆으로 젊은 아가씨가 다가 왔습니다. 그녀는 내게 아주 건방지게 이렇게 말했습니다.

"이것 좀 치워 주세요."

나는 황당했습니다. 그 아가씨는 배려라고는 눈 씻고 찾아봐도 없었습니다. 그는 나를 배려하시 않았지만 나는 그를 순복했습니다.

내가 옆에 있는 의자에 우산을 걸어 두었는데 자기가 앉을 거니까 그걸 치워 달라는 것입니다. 내 옆에 앉은 아가씨는 통화를 하고 난 후 혼잣말로 방금 통화했던 사람을 두고 투덜거렸습니다. 통화할 때는 상냥하더니 통화가 끝나자 상대방에 대해 혼잣말로 뭐라고 투덜댔습니다. 나는 그 아가씨를 보고 이렇게 생각했습니다.

'옛날에 나는 더 했었지. 이 사람을 억만 번이나 축복합니다.'

나는 복음을 깨닫고 완전히 변했습니다. 나는 의자가 필요할 때 의자가 남는 사람에게 다가가 이렇게 말한 적이 있습니다.

"혹시 이 의자 좀 써도 될까요? 부탁합니다."

그럼 상대방은 내게 이렇게 말합니다.

"아, 그럼요. 쓰세요."

하루는 딸과 함께 스타벅스에 책을 읽으러 갔습니다.

아름답게 생긴 아가씨가 내가 말하지도 않았는데, 내가 딸과 함께 온 걸 알고 자기가 앉았던 자리를 비켜 주며 말했습니다.

"여기 앉으세요."

자신은 옆에 있는 빈 자리에 옮겨 앉았습니다. 함께 왔으니 같이 앉으라고 하는 배려의 마음이었습니다. 나는 그 아가씨를 마음으로 축복했습니다. 그리고 티슈에 이렇게 써서 살짝 건네주었습니다.

"얼굴도 예쁘신데 마음까지 예쁘세요. 감사합니다."

아가씨가 활짝 웃으며 '아녜요' 하고 겸손하게 말했습니다.

사랑은 무례히 행치 아니합니다. 나는 무례한 사람이었습니다. 그런 내가 바뀌었습니다. 복음을 깨닫고부터 하나님을 뜨겁게 사랑했습니다. 하나님을 한없이 존중했고 사람도 존중했습니다.

"사랑은 오래 참고 사랑은 온유하며 시기하지 아니하며 사랑은 자랑하지 아니하며 교만하지 아니하며 무례히 행하지 아니하며 자기의 유익을 구하지 아니하며 성내지 아니하며 악한 것을 생각하지

아니하며."(고전 13:4~5)

나는 오직 하나님만 두려워합니다. 하나님만 의지합니다. 하나님만 신뢰합니다. 하나님은 이런 내게 아름다운 마음을 주시고 하나님이 얼마나 전지전능한 신인가를 주변 사람에게 보여주셨습니다.

"찬송하라. 하나님을 찬송하라. 찬송하라. 우리 왕을 찬송하라. 하나님은 온 땅의 왕이심이라."(시 47:6~7)

하나님이 아니면 도저히 바뀔 수 없는 내 몸과 마음인데 하나님 때문에 완전히 달라졌습니다. 날마다 한없는 평온한 삶이 나로 하여금 항상 웃고 또 웃게 만들었습니다. 아무리 아름다운 꽃이라고 해도 때가 되면 다 집니다. 하지만 웃음꽃은 절대 지지 않는 너무나 아름다운 꽃입니다. 너무나 매력적인 꽃입니다.

복음을 깨닫기 전에는 정말이지 행복해서 웃은 날이 다섯 손가락 안에 들 정도였습니다. 그런 내가 나의 성령님을 만남으로 한없이 행복해서 웃고 또 웃습니다. 웃음이 끊이질 않습니다.

"아하하하하."

모든 영광을 하나님께 돌립니다.

내 딸아, 한없이 축복한다

당신은 자신을 정죄하는 순간 어떻게 되는지 아십니까?

나는 나를 정죄하는 순간 어떻게 되는지 너무나 잘 압니다. 천국같이 비옥한 삶은 사라지고 지옥같이 비참한 삶을 살게 됩니다.

정죄는 내 기준으로 나를 가두는 것입니다.

죄를 지었다고 생각하고 나 자신을 책망하는 것입니다.

나는 예전에 '정죄'라는 단어가 있는 줄도 몰랐습니다. 성경에 정죄에 대해 기록되어 있는 줄도 몰랐는데 지금은 깨닫고 잘 압니다.

"그러므로 이제 그리스도 예수 안에 있는 자에게는 결코 정죄함이 없나니 이는 그리스도 예수 안에 있는 생명의 성령의 법이 죄와 사망의 법에서 너를 해방하였음이라."(롬 8:1~2)

나는 어린 시절부터 나 자신을 정죄하며 살았습니다.

나는 독생자 예수 그리스도의 보혈로 산 한없이 귀한 존재입니다. 세상에 하나 밖에 없는 너무나 소중한 하나님의 딸입니다.

나는 예수님을 구주로 믿음으로 과거와 현재와 미래의 죄를 다 용서받았습니다. 하나님이 보시기에 의인이 되었습니다. "오직 의인은 믿음으로 말미암아 살리라 함과 같으리라."(롬 1:17)

"오직 의인은 믿음으로 살리라"는 말씀은 오직 내 안에 살아 계신 내 영혼과 삶의 주인님이신 주님만 믿으라는 뜻입니다. 나의 주님은 한없이 거룩하고 한없이 깨끗하고 한없이 존귀한 분이십니다.

나를 정죄하는 건 내 안에 살아 계신 주님을 정죄하는 것입니다.

"너희는 너희가 하나님의 성전인 것과 하나님의 성령이 너희 안에 계시는 것을 알지 못하느냐?"(고전 3:16)라고 했기 때문입니다.

나는 복음을 몰랐습니다. 어릴 때부터 나의 외모와 행동, 마음과 생각 등을 주위 사람들로부터 끝도 없이 비교 당했습니다.

창세전부터 하나님은 나를 택하시고 지켜 주셨습니다.

엄마가 찢어지는 가난 속에 나를 임신했을 때 낳지 않으려고 양

잿물을 마셨습니다. 위로 오빠 셋만 낳고 그만 낳으려 했습니다. 하지만 나는 하나님의 보호하심으로 태어났고 고무신짝만 하게 작게 태어났습니다. 너무 작아서 다들 죽을 거라고 했습니다.

나는 아무도 반기지 않는 세상에 태어났습니다. 하지만 복음을 깨닫고 내가 세상에 태어난 걸 하나님 아빠께서 한없이 반겨 주셨다는 걸 알게 되었습니다. 나는 어린 시절에 잔병 없이 아주 건강하게 자랐습니다. 하지만 복음을 몰라서 영적인 병에 시달렸습니다.

끊임없이 나 자신을 정죄했고 행복한 날이 거의 없었습니다. 자신감은 바닥을 쳤습니다. 나를 쳐다보는 사람들의 시선에 대한 내 생각은 항상 부정적이었고 그들이 이렇게 말하는 것 같았습니다.

"얼굴이 너무 작고 못 생겼어."

사실 얼굴은 자신이 만들어 가는 것입니다. 못생기게 된 것은 다 내 탓입니다. 마음에 있는 게 얼굴로 나타나기 때문입니다.

부정적인 생각과 정죄로 인해 악한 영들이 내 예쁜 얼굴을 도둑질해 갔습니다. 내 눈을 새카맣게 만들었습니다. 내 세포를 도둑질해 갔습니다. 자신을 정죄하는 순간 머리끝부터 발끝까지 죽어 갑니다. 어둠의 영들이 신났고 좋아서 춤을 췄습니다. 당신도 자신을 정죄하는 순간 악한 영이 붙어서 당신을 마음대로 조종할 것입니다.

"죽고 싶지? 너 같은 건 살 자격도 없어. 죽는 게 나아."

내게 속삭였습니다. 나는 그것이 어둠의 영들이 내게 속삭이는 건지도 몰랐습니다. 복음을 깨닫기 전까지 어둠의 영들에게 속았던 것입니다. 내가 도저히 눈 뜨고 볼 수 없을 정도로 비참해졌을 때 성령님이 찾아 오셨습니다. 성령님은 살리는 영입니다.

성령님께서 내 인생을 도둑질한 악한 영들을 다 쫓아내셨습니다. 성령님이 일어나셨습니다. 내게 살아야 할 의미를 주셨습니다.

"명절 끝날 곧 큰 날에 예수께서 서서 외쳐 이르시되 '누구든지 목마르거든 내게로 와서 마시라. 나를 믿는 자는 성경에 이름과 같이 그 배에서 생수의 강이 흘러나오리라' 하시니 이는 그를 믿는 자들이 받을 성령을 가리켜 말씀하신 것이라."(요 7:37~39)

나는 성령을 힘입어 예수 이름으로 명령하며 그동안 나를 괴롭힌 악한 영을 꾸짖었습니다. "예수 이름으로 명하노니 악한 영들은 떠나가라. 다시는 오지 마라. 무저갱으로 가라."

복음을 깨닫고 기뻐 뛰며 춤을 추는 내게 성령님께서는 성경을 깨닫게 해주셨습니다. 성령님의 한없는 은혜로 말미암아 나는 정죄 의식을 박살냈습니다. 나 자신을 정죄하는 순간 어떻게 될까요?

첫째, 1초도 살기 싫어집니다.

둘째, 온몸이 아프게 됩니다. 정죄하는 순간 악한 영들이 머리끝부터 발끝까지 지배합니다. 모든 세포가 서서히 죽기 시작합니다.

셋째, 사탄에 계략에 넘어가게 됩니다.

사탄은 빼앗고 도둑질합니다. 돈, 몸, 마음, 시간, 생명 등…….

다 뺏습니다. 사탄은 도둑입니다. "도둑이 오는 것은 도둑질하고 죽이고 멸망시키려는 것뿐이요 내가 온 것은 양으로 생명을 얻게 하고 더 풍성히 얻게 하려는 것이라"(요 10:10)고 했습니다. 나는 복음을 깨닫기 전에 사탄에게 완전히 속고 살았습니다. 하지만 복음은 사탄이 도둑질해 간 모든 것을 다시 찾게 만들었습니다.

넷째, 가정이 초토화됩니다.

사탄의 계략으로 가정이 초토화됩니다. 나는 날마다 정죄함으로 울상, 죽을상만 했습니다. 인상만 팍팍 썼습니다. 그러니 남편이 집에 들어오고 싶지도 않았을 것입니다. 하지만 하나님의 은혜로 남편 눈에 콩깍지가 씌워져 남편은 오로지 나만 사랑했습니다.

그런 내가 지금은 복음을 깨닫고 오장육부를 다 내어 줄 정도로 남편에게 잘합니다. 날마다 방글방글 웃고 또 웃습니다.

이런 내게 남편이 칭찬을 아주 많이 해줬습니다.

"옛날보다 당신이 더 좋아. 어쩌면 나이를 거꾸로 먹어. 더 예뻐지고 날씬해져. 학생 같아."

이 모든 것이 하나님의 은혜입니다.

"내 영혼아 여호와를 송축하라. 내 속에 있는 것들아, 다 그의 거룩한 이름을 송축하라. 내 영혼아, 여호와를 송축하며 그의 모든 은택을 잊지 말지어다. 그가 네 모든 죄악을 사하시며 네 모든 병을 고치시며 네 생명을 파멸에서 속량하시고 인자와 긍휼로 관을 씌우시며 좋은 것으로 네 소원을 만족하게 하사 네 청춘을 독수리 같이 새롭게 하시는도다."(시 103:1~5)

모든 영광을 나의 주님께 드립니다.

예수님, 억만 번이나 감사합니다

지금의 나를 있게 해주신 모든 분들에게 감사드립니다.

"얼굴 형체를 알아보지 못할 정도로 맞아 일그러지신 나의 예수님, 십자가에 못 박힌 고통과 작열한 태양으로 인해 차마 표현하기 힘들 정도로 큰 아픔을 겪으셨던 나의 예수님, 그 엄청난 고통 가운데 저를 십자가의 보혈로 낳아 주셔서 억만 번이나 감사합니다."

"남편을 젊은 나이에 보내고 눈물 나게 힘든 생활을 하면서 5남매를 잘 키워 주신 나의 사랑하는 엄마 임종순 님, 억만 번이나 감사합니다. 한결 같은 사랑으로 저를 잘 키워 주신 믿음의 부모님 김열방 목사님과 김사라 사모님, 억만 번이나 감사합니다. 모든 시련 가운데 함께 했던 믿음의 가족들, 한없이 사랑합니다."

주님이 다 하셨습니다.

내 모든 것의 주체이신 성령님

성령님이 내 인생의 주체이시다

당신은 언제 하나님을 찾았습니까?

나는 어렸을 적에 여름성경학교에서 주는 간식과 달란트 시장이 재미있어 교회에 첫 발을 디뎠습니다. 교회에서 주는 간식과 선물은 그 당시 내게 교회에 다녀야 할 충분한 이유가 되었습니다.

그때는 선생님과 함께 동네 친구들과 우르르 몰려다니며 교회에 오지 않는 친구 집에 찾아가 전도하며 함께 교회를 다녔던 기억이 있습니다. 일주일에 딱 한 번 나갔지만 교회에서 주는 간식과 선물이 좋았습니다. 그렇게 재미로 다니며 선생님으로부터 하나님 이야기를 들었는데 그 말씀의 씨앗이 내게 심겨졌는지 중학교 시절에 다시 하나님이 생각나면서 하나님을 찾아 교회에 가게 되었습니다.

사실 그것은 내가 하나님을 찾은 것이 아니라 하나님이 나를 찾으신 것이었습니다. "너희가 나를 택한 것이 아니요 내가 너희를 택하여 세웠나니 이는 너희로 가서 열매를 맺게 하고 또 너희 열매가 항상 있게 하여 내 이름으로 아버지께 무엇을 구하든지 다 받게 하려 함이라"(요 15:16)고 했기 때문입니다.

나를 찾아 주신 하나님께 감사를 드립니다.

나는 중학교 때 교회 다니는 친구를 통해 '나도 다시 교회에 나가고 싶다. 나도 다시 예수님을 믿고 싶다'는 마음이 자연스럽게 들기 시작했습니다. 지금 생각해보면 하나님께서 나를 얼마나 사랑하셨으면 그렇게 나를 일찍 부르셨을까 라는 생각을 해봅니다.

정말 내가 그때 하나님을 만나지 않았다면 내 인생이 꼬여 엄청 힘든 삶을 살았을 것 같습니다. 내가 유치원을 다녔을 때만 해도 집안 형편이 좋았던 걸로 기억하는데 우리 형제들이 자라면서 점점 가세가 기울어져 가는 것을 느꼈습니다. 그래서 나는 돈을 벌겠다고 겁 많고 소심하고 내성적인 성격인데도 골프 캐디 면접을 보았고 또 호텔에서 일해 보고 싶은 호기심에 호텔 취업 학원도 알아보고 대전에 가서 면접을 봤던 경험이 있습니다.

그때는 그런 직업이 멋있어 보였기 때문에 나로서는 대단한 용기를 갖고 도전한 셈이었는데 나 떨려서 기 났습니다.

"사람이 마음으로 자기의 길을 계획할지라도 그의 걸음을 인도하시는 이는 여호와시니라."(잠 16:9)

솔직히 그 길은 내가 정말 원하고 꿈꾸던 길은 아니었습니다.

나는 그 길로 가고 싶지 않았습니다. 잠깐의 호기심과 주변의 권유에 떠밀리듯 어쩔 수 없이 면접을 봐야 했던 상황이라 선택한 길이었는데 하나님께서 그때도 나의 목자가 되어 주셔서 그 모든 길로부터 나를 지켜 주셨습니다. 모두 하나님의 크신 은혜였습니다.

나는 오직 하나님만이 내 모든 환경과 문제 속에서 피할 바위가 되시고 방패가 되시고 산성이 되신다는 것을 깨닫게 되었습니다.

나를 지켜 주신 하나님께 감사를 드립니다.

"여호와는 나의 반석이시요 나의 요새시요 나를 건지시는 이시요 나의 하나님이시요 내가 그 안에 피할 나의 바위시요 나의 방패시오 나의 구원의 뿔이시요 나의 산성이시로다."(시 18:2)

나의 피할 바위, 나의 방패, 나의 구원의 뿔, 나의 산성이신 하나님을 찬양하고 믿습니다. 그분이 지금 내 안에 가득히 계십니다.

이런 하나님이 안 계셨다면, 또한 이런 하나님의 크신 은혜가 아니었다면 과연 나는 어떻게 되었을까요? 예수님을 믿는 믿음의 길을 놓치고 잘못된 호기심과 주변 사람의 목소리를 따라 끌려 다니며 저주 받고 실패하는 '줏대 없는 삶'을 살았을 것입니다.

나를 가장 좋은 길로 인도하시고 나의 주인이 되어 주신 하나님께 감사를 드립니다. 하마터면 내가 예수님이 아닌 세상을 선택하고 평생 비참하게 살았을 뻔했던 끔찍한 순간이었습니다.

그때는 몰랐지만 한참 시간이 흘러 "다 이루었다"(요 19:30)고 말씀하신 예수님의 복음을 구체적으로 깨달았을 때 나 자신도 내 것이 아니고 하나님의 것이며, 내 삶 또한 하나님께서 모두 이끄신다는 것을 명확하게 알게 되었습니다. 나는 확실히 말합니다.

"성령님이 내 인생의 주체이시다."

내 모든 삶의 주체가 되시는 분은 바로 성령님이십니다.

당신도 이 사실을 인정하고 이렇게 입술로 고백하기 바랍니다.

"부모 형제, 친척 친구가 아니라 오직 하나님이 주체이시다."

나는 예배 시간에 말씀을 통해 이 믿음이 확고하게 다져졌습니다. 내 몸의 주체도 성령님이십니다. "값으로 산 것이 되었으니 그런즉 너희 몸으로 하나님께 영광을 돌리라."(고전 6:20)

하나님이 행하신 큰일을 믿어라

하나님께서 나의 주체가 되기 위해 내 인생에 행하신 큰일 두 가지가 있습니다. 무엇일까요?

첫째, 하나님께서 예수님의 피로 말미암아 나를 하나님 자녀로 삼아 주셨다는 것입니다. 그래서 나는 하나님의 자녀의 위치에서 날마다 성령님의 인도를 받는 삶을 살고 있습니다.

어느 날 성령님께서 "매주 서울목자교회로 움직여라"고 말씀하셨습니다. 나는 그 음성에 순종하여 1년 동안 주일마다 전주에서 서울 잠실까지 예배하러 다녔습니다. 당시에 전염병이 심하게 돌았는데 이를 알게 된 동생이 걱정하는 말을 해서 잠깐 내 마음이 힘들었지만 나는 오직 내 안에 흐르고 있는 예수님의 피, 나를 덮고 있는 예수님의 피를 믿고 담대히 다녔습니다.

그때는 전염병 때문에 모두들 힘든 시기였습니다.

이러한 때에 나를 움직여 주시고 내 발걸음을 인도하신 하나님의 크신 은혜가 나는 너무나 감사하고 감사할 따름입니다. 내게 믿음을 주신 하나님, 나의 믿음을 지켜 주신 하나님께 감사를 드립니다.

그렇게 순종하는 마음으로 예배하러 다니던 어느 주일 아침이었습니다. 나는 그날도 예배하러 가기 위해 바쁘게 준비하면서 '오늘 내게 하나님께서 주시는 말씀이 있을 거야'라는 기대감으로 움직였습니다. 그런데 정말 그날 예배 시간에 말씀을 전하시던 김열방 목사님께서 내게 말씀하셨는데 곧 하나님의 음성이었습니다.

"하나님께서 혈루증을 앓던 여인을 고쳐 주셨듯이 하나님께서 집사님과 가족들의 모든 문제를 고치고 치료하십니다."

하나님께서 목사님을 통해 콕 찍어 내게 말씀하신 거였습니다.

"아멘!"

혈루증을 앓았던 여인처럼 보이지 않게 많이 앓았던 나를 치료하신 하나님께 감사드립니다. 예배 시간에 주의 종의 입을 통해 내게 말씀하신 하나님의 그 말씀이 하나도 땅에 떨어지지 않고 그대로 이루어짐을 믿고 하나님께 감사를 드립니다.

"이에 열두 해를 혈루증으로 앓는 중에 아무에게도 고침을 받지 못하던 여자가 예수의 뒤로 와서 그의 옷 가에 손을 대니 혈루증이 즉시 그쳤더라. 예수께서 이르시되 '내게 손을 댄 자가 누구냐?' 하시니 다 아니라 할 때에 베드로가 이르되 '주여, 무리가 밀려들어 미나이다' 예수께서 이르시되 '내게 손을 댄 자가 있도다. 이는 내게서 능력이 나간 줄 앎이로다' 하신대 여자가 스스로 숨기지 못할 줄 알고 떨며 나아와 엎드리어 그 손 댄 이유와 곧 나은 것을 모든 사람 앞에서 말하니 예수께서 이르시되 '딸아, 네 믿음이 너를 구원하였으니 평안히 가라' 하시더라."(눅 8:43~48)

혈루증 앓았던 여인이 믿음으로 행동하기 위해 얼마나 큰 용기가 필요했을까요? 또 얼마나 많은 사람들이 그 여인을 죄인 취급했을까요? 하지만 혈루증 여인은 용기 있게 예수님께 나아갔습니다.

그리고 믿음으로 예수님의 옷 가에 손을 대고자 했습니다.

손을 대는 순간 그 여인은 즉시 혈루증에서 고침 받았습니다.

나는 그날 집으로 돌아가는 길에 혈루증 여인에 대해 곰곰이 생각해보았습니다. 그 여인은 예수님으로 인해 육체의 질병뿐만 아니라 영혼의 병까지 완전히 고침 받았던 것입니다. 그날 암울했던 삶이 완전한 해방을 얻고 행복한 삶으로 바뀌지는 순간이었습니다.

혈루증 여인은 예수님으로 인해 죄와 병으로부터 자유를 얻었습니다. 나도 혈루증 여인처럼 예수님께로 나아가고 있습니다.

예수님의 피를 의지하며 예배하는 가운데 찬양과 기도와 말씀을 통해 나를 고치시는 하나님의 은혜를 사모하고 기대하며 계속 전진하고 있습니다. 나의 모든 연약함을 아시는 하나님께서 나를 날마다 전진하게 하십니다. 내 힘으로는 버거운데 할 수 있도록 힘과 은혜를 주십니다. 하나님은 내 마음을 하나님의 믿음과 평안으로 가득 채우시고 나로 하여금 전진하게 하십니다. 하나님, 감사합니다.

"그가 그의 말씀을 보내어 그들을 고치시고 위험한 지경에서 건지시는도다."(시 107:20)

내가 섬기고 있는 서울목자교회 김열방 목사님을 통해 나를 고치시고 위험한 지경에서 나를 건지신 하나님께 감사드립니다. 매주 예배를 통해 나의 마음도 만져 주시고 내 얼굴도 만져 주시는 하나님께 감사드립니다. 당신도 예배를 뜨겁게 사모하십시오.

둘째, 하나님께서 예수님의 피로 구원 받은 그분의 자녀들에게 성령님을 보내 주셨습니다. 성령님은 내 안에 가득히 계십니다.

"내가 너희를 고아와 같이 버려두지 아니하고 너희에게로 오리라. 너희는 너희가 하나님의 성전인 것과 하나님의 성령이 너희 안에 계시는 것을 알지 못하느냐?"(요 14:18, 고전 3:16)

나는 예수님의 피를 의지하며 일어날 때가 많았습니다.

스스로 정죄되고 낙심되고 절망될 때 담대히 하나님께 나아가고 일어설 수 있게 했던 가장 실제적인 큰 힘은 예수님의 피였습니다.

나 자신이 너무 부끄러워 숨고 싶었을 때, 아무것도 하기 싫었을 때, 한 발짝 내딛는 것조차 힘들고 버겁게 느껴졌을 때, 예수님의 피를 생각하며 용기를 냈습니다. 예수님의 피는 우리의 죄와 허물을 위해 단번에 드린 영원한 제사이며 큰 능력이기 때문입니다.

"제사장마다 매일 서서 섬기며 자주 같은 제사를 드리되 이 제사는 언제나 죄를 없게 하지 못하거니와 오직 그리스도는 죄를 위하여 한 영원한 제사를 드리시고 하나님 우편에 앉으사 그 후에 자기 원수들을 자기 발등상이 되게 하실 때까지 기다리시나니 그가 거룩하게 된 자들을 한 번의 제사로 영원히 온전하게 하셨느니라. 또한 성령이 우리에게 증언하시되 주께서 이르시되 그 날 후로는 그들과 맺을 언약이 이것이라 하시고 내 법을 그들의 마음에 두고 그들의 생각에 기록하리라 하신 후에 또 그들의 죄와 그들의 불법을 내가 다시 기억하지 아니하리라 하셨으니 이것들을 사하셨은즉 다시 죄를 위하여 제사 드릴 것이 없느니라. 그러므로 형제들아, 우리가 예수의 피를 힘입어 성소에 들어갈 담력을 얻었나니 그 길은 우리를 위하여 휘장 가운데로 열어 놓으신 새로운 살 길이요 휘장은 곧 그의 육체니라."(히 10:11~20)

예수님의 피를 주신 하나님께 감사를 드립니다.

예수님의 피로 영원한 제사를 드리고 예수 그리스도의 대속의 은혜를 믿음으로 행복을 누리며 살게 하신 하나님께 감사드립니다.

세상에 대한 꿈이 아닌 하나님 자녀로서 하나님께서 원하시는 꿈을 꿀 수 있도록 나를 자녀 삼아 주신 하나님께 감사드립니다.

믿음의 쟁취보다 중요한 것은 순종이다

당신은 믿음의 쟁취와 순종 중에 어떤 것을 선택합니까?

최근에 어떤 책을 읽다가 잠깐 고민에 빠지게 되었습니다.

'순종은 당연한 것이지만 믿음으로 쟁취하는 것은 무엇일까?'

내 입장에서 이걸 어떻게 생각하고 받아들여야 할지 궁금했기 때문입니다. 나는 히브리서 11장 6절의 "믿음이 없이는 하나님을 기쁘시게 하시 못하나니 하나님께 나아가는 자는 반드시 그가 계신 것과 또한 그가 자기를 찾는 자들에게 상 주시는 이심을 믿어야 할지니라"는 말씀을 생각하며 그때는 "믿음으로 쟁취한다"는 말도 맞다고 생각했기에 깊이 생각하고 싶지 않아 넘겼던 고민이었습니다.

청소기를 돌리며 분주하게 집안 정리를 하고 있었는데 복잡한 생각을 떨칠 수 없어 답답한 마음으로 성령님께 도움을 구했습니다.

'성령님, 순종은 당연한 거라면 믿음으로 쟁취한다는 것은 무엇입니까? 제 입장에서 어떻게 받아들이고 이해하면 좋을까요?'

그때 바로 생각을 통해 번뜩이는 것이 있었습니다.

'믿음으로 쟁취하는 것이 먼저냐? 순종하는 것이 먼저냐?'

나는 순간 깜짝 놀라 아무 말도 할 수가 없었습니다.

그러한 깨달음을 통해 갈팡질팡하며 헷갈렸던 내 마음의 생각에 평정이 찾아오면서 '하나님이 우리에게 정말로 원하시는 것은 순종이구나'라는 것을 다시 한 번 크게 깨닫게 되었습니다.

"사무엘이 이르되 여호와께서 번제와 다른 제사를 그의 목소리를 청종하는 것을 좋아하심 같이 좋아하시겠나이까? 순종이 제사보다 낫고 듣는 것이 숫양의 기름보다 나으니."(삼상 15:22)

하나님께서는 이 말씀을 통해 우리에게 제일 원하시는 것이 순종이라는 것을 가르쳐 주고 계십니다. 당신도 온전히 순종하십시오.

사무엘상 15장에 보면 사울 왕이 하나님의 명령에 온전히 순종하지 못하는 사건이 나옵니다. 하나님은 사울 왕에게 이스라엘 백성을 대적하는 아멜렉을 완전히 진멸하라고 명령하셨습니다.

사울 왕은 하나님의 음성을 듣고 아말렉을 진멸하기 위해 백성을 소집하여 싸웠지만 아말렉 왕을 죽이지 못했고 하나님의 마음을 알고 있었던 사무엘이 아말렉 왕을 죽였습니다. 사울 왕은 함께 싸운 백성들에 대한 두려움 때문에 자신의 생각과 뜻을 하나님 말씀 앞에 내려놓지 못하고 일부 기름지고 좋아 보이는 가축을 자신의 소유로 살려 두는 불순종의 죄를 짓고 말았습니다.

나도 사울처럼 연약해서 넘어질 때가 있었습니다. 내 생각과 뜻을 하나님의 말씀 앞에 내려놓지 못하고 사탄의 정죄와 참소로 양심의 가책이 들어 힘들어 했던 순간도 있었지만 주일날 예배 시간에 "예수님의 피가 우리를 담대하게 한다"고 하신 설교 말씀이 생각났고 "예수님의 피를 믿는 믿음으로 하나님께 담대히 나아가는 것이 중요하다"는 말씀을 생각하며 다시 용기를 가지곤 했습니다.

나는 깨달았습니다. 내가 비록 연약하여 넘어지고 실수했다 하더라도 거기에 주저앉아 있으면 안 된다는 것입니다. 잠언 28장 1절에 나오는 "의인은 사자 같이 담대하다"는 말씀처럼 예수님의 피를 의지하므로 항상 담대해야 한다는 깃입니다.

사탄은 우리를 속입니다. 사탄은 우리가 허물과 죄로 인해 담대하게 일어날 수 없도록 수치심과 부끄러운 마음을 줍니다.

에베소서 6장 12절에 "우리의 씨름은 혈과 육을 상대하는 것이 아니요 통치자들과 권세들과 이 어두움의 세상 주관자들과 하늘에 있는 악의 영들을 상대함이라"고 했습니다. 사탄의 속임수에 빠지지 마시고 예수님의 이름으로 사탄을 꾸짖고 대적하십시오.

예수님의 보혈을 믿으면 담대해진다

어떻게 하면 담대해질 수 있을까요?

첫째, 예수의 피를 믿어야 합니다.

"그러므로 형제들아, 우리가 예수의 피를 힘입어 성소에 들어갈 담력을 얻었나니"(히 10:19)라고 했습니다.

담대함을 얻는 비결은 오직 예수님의 피 밖에 없습니다.

"이는 황소와 염소의 피가 능히 죄를 없이 하지 못함이라"(히 10:4)고 했습니다. 우리 모두에게는 예수님의 피가 필요합니다. 그 예수님의 피 때문에 온 인류가 구원을 받기 때문입니다.

나는 하나님께서 430년간 노예 생활하던 이스라엘 백성들을 애굽에서 빠져나오게 하기 위해 열 가지 재앙을 내리실 때, 마지막으로 하나님의 택하신 이스라엘 백성들에게 예수님의 보혈을 상징하는 양의 피를 문설주에 바르라고 하셨던 것이 생각났습니다.

예수님의 보혈은 우리를 죽음으로부터 보호합니다.

나는 예수님의 피를 믿는 믿음으로 살며 전염병으로부터 사랑하는 우리 가족을 모두 지켜 달라고 하나님께 기도했습니다.

그 어떤 것도 예수님의 보혈 외에는 죄 사함이 없음을 믿고 우리의 모든 죄와 저주를 십자가에서 다 청산하시고 "다 이루었다"(요 19:30)고 말씀하신 예수님의 보혈의 능력을 믿고 나아가면 됩니다.

사람과 환경과 문제, 그리고 나 자신의 연약한 모습을 보지 말고 오직 예수님의 피를 믿음의 눈으로 바라보십시오. 예수님의 피가 우리의 모든 죄를 해결했습니다. 영원한 목마름을 해결했습니다. 질병을 해결했습니다. 가난을 해결했습니다. 어리석음과 미련함을 해결했습니다. 징계와 사망의 저주를 해결했습니다. "예수 그리스

도는 어제나 오늘이나 영원토록 동일하시니라."(히 13:8)

둘째, 예수님이 십자가에서 "다 이루었다"(요 19:30)고 말씀하신 속량의 은혜를 믿고 누리며 그 은혜만 온전히 붙들어야 합니다.

내 행위로는 구원받을 수 없기 때문입니다.

"사람이 의롭게 되는 것은 율법의 행위로 말미암음이 아니요 오직 예수 그리스도를 믿음으로 말미암는 줄 알므로 우리도 그리스도 예수를 믿나니 이는 우리가 율법의 행위로써가 아니고 그리스도를 믿음으로써 의롭다 함을 얻으려 함이라. 율법의 행위로써는 의롭다 함을 얻을 육체가 없느니라."(갈 2:16)

하나님께 믿음의 상을 구하고 기대하라

당신은 하나님께 믿음의 상을 구하고 기대한 적이 있습니까?

나는 얼마 전에 〈하루 만에 다 주신다고 믿어라〉는 책을 출간했습니다. 제목부터 뭔가 비상하지 않습니까? 꼭 읽어보십시오.

하나님께서는 이 책 제목대로 나를 통해 우리 가정에 복을 주셨습니다. 먼저 내가 기도한 대로 남편에게 직장의 복을 주시면서 물질적인 부분에서 많은 여유가 있게 하셨습니다. 하나님께서 주일에 김열방 목사님의 설교를 통해 내게 하시 말씀이 이루어진 것입니다.

"하나님께서 필요한 때에 돈을 주시고 필요한 때에 사람을 보내신다"고 하셨는데 정말 기가 막힌 타이밍에 복을 주셨습니다.

나 자신도 하나님이 하시는 일들을 보면서 크게 놀랐습니다.

몇 년 전에 김열방 목사님을 통해 내게 말씀하셨던 예언이 생각 났습니다. "그동안 막연하게 알았던 하나님이 정말 살아 계시고 전 능하시고 놀라우신 분이다"라는 걸 깨달아 알게 되었습니다.

나를 향한 하나님의 은혜가 참으로 감사할 뿐입니다.

사실 그때는 하나님께서 김열방 목사님을 통해 내게 하신 말씀이 이해가 안 되었지만 지금은 '이렇게 하나님의 복과 은혜를 내게 나 타내기 위해 미리 주의 종을 통해 알게 하셨구나'라는 것을 깨달아 알고 있습니다. 그리고 이것은 '모든 것은 다 전능하신 하나님께서 하셨다'는 것을 알게 하시는 하나님의 크신 은혜였습니다.

그 당시 나의 답답한 현실에 하나님의 기적이 꼭 필요했기 때문 에 베푸신 하나님의 은혜였고 내게 주신 믿음의 상이었습니다.

나는 내 가난의 저주를 다 담당하신 예수님을 믿고 더 넓고 쾌적 한 집으로 이사하게 해 달라고 기적을 구했습니다. 내 평생에 물질 의 어려움이 없이 살게 해 달라고 전능하신 하나님께 구했습니다.

그리고 결국 하나님의 복 곧 '믿음의 상'을 받게 되었습니다.

"우리 주 예수그리스도의 은혜를 너희가 알거니와 부요하신 이로 서 너희를 위하여 가난하게 되심은 그의 가난함으로 말미암아 너희 를 부요하게 하려 하심이라."(고후 8:9)

당신도 예수님께서 십자가에서 "다 이루었다"(요 19:30)는 복음 즉 믿음의 말씀을 믿고 전능하신 하나님께 당당히 구하십시오.

마태복음 7장 7절에 "구하라 그러면 너희에게 주실 것이요 찾으 라 그러면 찾을 것이요 문을 두드리라 그러면 너희에게 열릴 것이니 구하는 이마다 얻을 것이요 찾는 이가 찾을 것이요 두드리는 이에게 열릴 것이니라. 너희 중에 누가 아들이 떡을 달라 하면 돌을 주며 생선을 달라 하면 뱀을 줄 사람이 있겠느냐? 너희가 악한 자라도 좋은 것으로 자식에게 줄 줄 알거든 하물며 하늘에 계신 너희 아버지께서 구하는 자에게 좋은 것으로 주시지 않겠느냐?"라고 했습니다. 하나님은 구하는 자에게 좋은 것을 주신다고 하셨습니다.

당신도 구하면 받을 것입니다. 찾으면 찾을 것입니다. 문을 두드리면 열릴 것입니다. 하나님께서 가장 좋은 것으로 주실 것입니다.

당신을 억만 번이나 축복합니다.

고통의 시간에 예수님을 바라보라

당신은 고통의 시간을 어떻게 이겨 나가고 있습니까?

모든 사람에게는 고통이라는 삶의 무게가 있을 것입니다.

각자의 삶과 성향이 다르듯, 조금씩 차이는 있지만 고통은 누구에게나 있다는 것이 내 생각입니다. 나는 성경을 보면서 각자의 삶이 다르고 그들의 고통도 각각 다르다는 것을 깨달으며 참 신기하고 놀라웠습니다. 각자 고통의 강도도 차이가 있습니다.

고통을 당할 때는 순간 두려움에 사로잡히게 됩니다.

성경은 고통을 이겨낼 수 있는 힘을 주셨다고 말씀합니다.

"하나님이 우리에게 주신 것은 두려워하는 마음이 아니요 오직

능력과 사랑과 근신하는 마음이니."(딤후 1:7)

어느 날 성령님께서 내게 "크고 작은 모든 두려움은 절대로 하나님이 주신 것이 아니다"라는 깨달음을 주셨습니다. 그래서 내게 작은 두려움이 올 때도 "이 두려움은 하나님께로부터 온 것이 아니야"라며 예수 이름으로 꾸짖고 명령하며 내쫓았습니다.

그렇게 예수 이름으로 두려움을 꾸짖어 쫓아내도 육체의 느낌으로는 아직 두려움이 내 안에 남아 있는 것 같았습니다. 하지만 "믿음은 느낌과 현상과 상관이 없다"라고 설교 말씀을 통해 날마다 듣고 배웠기 때문에 그것을 무시하고 믿음을 지키면 됩니다.

그 이유는 무엇일까요?

첫째, "다 이루었다"(요 19:30)고 예수님이 말씀하셨기 때문입니다. 둘째, 내가 예수님이 십자가에 "다 이루었다"(요 19:30)고 말씀하신 영광스러운 복음을 믿기로 선택했기 때문입니다. 셋째, "너희가 내 이름으로 무엇을 구하든지 내가 행하리니"(요 14:13)라고 말씀하셨기 때문입니다. 이 세 가지면 충분합니다.

그동안 나는 내 주변 사람들과 비교를 많이 했습니다.

주의 종과도 비교하고 친구와도 비교했습니다. 나의 비교 대상이라고 생각되어지는 사람들을 보며 모두 비교하며 시기 질투하고 나를 정죄하며 의심의 시간을 보내곤 했습니다. 그러다 보니 내 마음은 좌절과 낙심이 가득 차고 행복이 없는 쭉정이 같이 되었습니다.

비교하다 보니 상처가 많아져 한동안 교회에도 가지 못했습니다.

정말 지옥과 같은 고통의 시간을 겪었습니다. 하지만 하나님의 크신 사랑과 은혜로 이러한 시간을 다 통과했습니다. 내가 고통이라고 느끼는 그 시간에도 하나님의 크신 사랑과 은혜가 나를 이끌어 주셨고 결국 다 이기게 해주셨습니다. 내게 이김을 주신 하나님께 억만 번이나 감사를 드립니다. "하나님, 감사합니다."

나는 어느 날 문득 '그런 고통의 시간을 내가 왜 겪었을까?'라는 생각을 하게 되었습니다. '일주일, 열흘, 보름, 1년이면 됐을 고통의 시간이 마치 100년처럼 길게 연장된 이유가 뭘까?'라는 생각을 하고 있을 때 '정죄 때문이었다'는 깨달음이 왔습니다.

'아, 정죄 때문이었구나!'

그 이유는 예수님을 바라보지 않고 사람을 쳐다보았기 때문입니다. 사람을 쳐다보지 않고 내 안에 살아 계신 반석이신 예수님을 바라보았다면 그렇게 심한 고통을 겪지 않았을 것입니다.

예수님을 바라보면 이마가 깅해집니다. "보라, 내가 그들의 얼굴을 마주 보도록 네 이마를 굳게 하였으되 네 이마를 화석보다 굳은 금강석 같이 하였으니 그들이 비록 반역하는 족속이라도 두려워하지 말며 그들의 얼굴을 무서워하지 말라 하시니라."(겔 3:8~9)

나는 끊임없이 사람을 보며 비교하며 좌절했던 것입니다.

그때는 '부끄럽다. 창피하다'는 생각에 갇혀 도저히 교회에 발을 내디딜 힘이 나지 않았습니다. 내 어둡고 비참한 몰골을 주위 사람들에게 차마 보여주고 싶지 않았습니다. 원수 마귀에게 속아 예수 그리스도의 대속의 은혜를 깨닫지도 누리지도 못하고 그렇게 지옥과 같은 삶을 살았던 것입니다. 고통과 고생을 겪으며 시련의 때를 보냈습니다. 부끄러워 말도 하고 싶지 않은 지나간 허물입니다.

하지만 그런 나의 죄와 허물을 정죄할 사람이 없습니다. "그러므로 이제 그리스도 예수 안에 있는 자에게는 결코 정죄함이 없나니 이는 그리스도 예수 안에 있는 생명의 성령의 법이 죄와 사망의 법에서 너를 해방하였음이니라"(롬 8:1~2)고 했기 때문입니다.

나의 겨자씨와 같은 믿음으로 하나님께 죄를 고백했고 예수님의 피로 씻어 냈기 때문입니다. 나는 시간과 공간을 초월하여 모든 죄를 사함 받았습니다. 지금도 깨끗하고 정결하고 거룩하게 하시는 예수님의 피가 나를 씻어 주고 있습니다. 그렇습니다. 예수님의 피가 우리를 모든 죄와 허물로부터 벗어나 담대하게 해줍니다.

나는 그 시간을 통해 깨달은 것이 있습니다. 무엇일까요?

첫째, 예수님의 피를 의지하며 강한 마음을 가져야 한다는 것입니다. 강한 마음은 담대합니다. 나는 그때 예수님의 피를 의지하는 담대한 마음과 믿음을 잃고 지냈던 것입니다. 담대함이 이미 당신 안에 가득히 있음을 믿으십시오. 항상 강하고 담대하십시오.

둘째, "하나님은 사랑이시다"라는 믿음을 가져야 합니다. "하나님은 사랑이시라"(요일 4:8)고 했습니다. 하나님은 두려운 존재이면서도 사랑이십니다. 하나님은 우리의 연약함을 아십니다. 하나님의 두려운 성품과 함께 사랑의 성품을 믿고 당신의 죄와 허물을 하나님 아버지께 아뢰며 하나님의 사랑을 보여주신 예수 그리스도의 대속의 은혜를 누리십시오. 하나님은 당신에게 다 주십니다. "자기 아들을 아끼지 아니하시고 우리 모든 사람을 위하여 내주신 이가 어찌 그 아들과 함께 모든 것을 우리에게 주시지 않겠느냐."(롬 8:32)

셋째, 예수님의 피를 의지하며 강하고 담대한 마음으로 살아갈 때 승리한다는 것입니다. 승리는 이미 당신의 것입니다. 예수님께서 부활의 권능으로 이미 모든 것을 승리하셨기 때문입니다.

당신은 천국에 갈 때까지 믿음의 선한 싸움을 해야 합니다. 그러기 위해서는 예수님이 십자가에서 "다 이루었다"(요 19:30)고 하신 말씀을 믿는 믿음으로 나아가야 합니다. 이러한 영광스러운 복음을 하나님께서 이미 당신에게 풍성히 주셨습니다.

"믿음이 이기네. 믿음이 이기네. 주 예수를 믿음이 온 세상 이기네."

어느 날 이 찬송가의 짧은 가사를 생각하며 '예수님을 믿는 믿음이 어마어마하구나!'라는 생각을 했습니다. 성경은 당신이 겪는 고난보다 더 큰 영광이 나타난다고 약속합니다. "생각하건대 현재의 고난은 장차 우리에게 나타날 영광과 비교할 수 없도다."(롬 8:18)

당신은 어떤 결단을 하며 마음을 다 잡고 있습니까?

나는 결단해야 했습니다. 언제까지나 똑같은 문제를 가지고 씨름하고, 눈에 보이는 환경과 문제와 자신을 쳐다보며 촛불과 갈대처럼 마냥 흔들리며 살면 안 되겠다는 깨달음을 얻었기 때문입니다.

나는 언제나 내 마음을 묶고 있는 문제가 있었습니다.

방심하면 순식간에 그 문제에 빠져 집착하게 되고 내 마음에 낙심과 좌절의 물결이 강하게 밀려왔습니다. 땅이 꺼져라 한숨을 쉬며 하늘을 올려다보며 시간을 보낸 적이 한두 번이 아니었습니다.

그동안 그렇게 듣고 깨달았던 말씀과 하나님을 향한 믿음은 어디로 갔는지 다 허망한 순간이었습니다. 그래서 '나와 같은 문제에 빠져 힘들어 하고 고민했던 사람이 성경에 누가 있을까?'라며 생각해

보기도 했습니다. 그리고 마침내 나만의 해결책을 찾았습니다.

그것이 무엇일까요?

첫째, 아주 단순하게 하나님을 신뢰하고 믿는 것입니다.

나는 이런 문제의 해결책을 '성령의 기름 부음과 하나님의 믿음이 가득하게 담긴 책'을 성령님과 함께 읽으면서 찾아냈습니다.

이런 단순하고 명쾌한 해결책이 김열방 목사님이 쓰신 '온전한 복음이 담긴 책'에 있었습니다. 나로서는 정말 마음에 큰 변화를 얻는 순간이었습니다. '온전한 복음이 담긴 책'에 나오는 인물들은 나와 많이 다르다는 것을 느꼈습니다. 나는 놀라며 생각했습니다.

'잘 보고 잘 듣고 참 신기한 사람들이다. 정말 신기하고 놀랍네.'

'나와 참 많이 다르다. 참 쉽다. 얼마나 신앙 생활했기에 쉽고 재밌고 행복하다고 고백할까? 나처럼 고민할 필요도 없겠네.'

그 책에 나오는 사람들을 보며 불행한 나와 비교했습니다.

그리고 한편으로는 무척 부러웠습니다. 정말 많이 부러웠습니다.

또 하나님의 은혜로 이런 행복한 사람들이 내 주위에 있다는 것이 감사하기도 하고 자랑스럽기도 했습니다. 나는 움직이기로 결단했습니다. 내가 이렇게 결단하기까지는 용기가 필요했습니다.

나의 간절하고 간절한 마음의 소원이었기에 믿음의 선택을 해야만 했습니다. 솔직히 내 힘으로 발버둥을 치며 애걸복걸하고 마음의 뜨거운 소원이 올라와도 하나님께서 베푸시는 은혜가 아니면 열리지 않는다는 것을 나는 경험했습니다. 정말 매순간 마음에 부딪혀 오는 믿음의 싸움의 연속이었습니다.

"나의 가는 길을 오직 그가 아시나니 그가 나를 단련하신 후에는 내가 정금같이 나오리라."(욥 23:10) "아멘."

당신도 눈에 보이지 않게 마음에 부딪혀 오는 문제가 있습니까?

당신도 나처럼 믿음의 선택을 하면 하나님께서 분명히 믿음의 상을 주실 것입니다. "믿음이 없이는 하나님을 기쁘시게 하지 못하나니 하나님께 나아가는 자는 반드시 그가 계신 것과 또한 그가 자기를 찾는 자들에게 상 주시는 이심을 믿어야 할지니라."(히 11:6)

지금도 문제가 내 마음에 부딪혀 오는 순간이 있지만 예전보다는 쉽게 넘어갈 수 있습니다. 내가 결단했기 때문입니다.

"그래도 하나님을 믿고 신뢰합니다. 하나님을 신뢰하기로 나는 선택했습니다. 억만 번이나 감사합니다. 성령님."

이러한 믿음의 고백이 내 중심을 잡아 주었고 날마다 큰 에너지를 내게 공급하고 있습니다. 나의 환경은 크게 변한 것이 없어도 이러한 믿음의 고백을 하고 나면 다시 힘을 얻고 내 중심이 견고해지는 것을 경험합니다. 흔들리는 마음에서 하는 백 마디의 말보다 하나님을 신뢰하는 믿음의 고백 한 마디에 힘이 있음을 기억하십시오.

"또 기도할 때에 이방인과 같이 중언부언하지 말라. 저희는 말을 많이 하여야 들으실 줄 생각하느니라."(마 6:7)

'내가 할 수 있는 것은 정말 믿는 길 밖에는 없구나'라는 내려놓음에 대한 깨달음을 나는 얻었습니다. 예전에는 이렇게 쉽게 받아들이시 못했습니다. 사모하고 구하면 다 되는 줄 알았던 소원이 하나님의 때가 있음을 깨달았습니다. 성경을 읽다 보면 '하나님의 때' 곧 '때'라는 단어가 눈에 들어옵니다. 그 때를 기다려야 합니다.

"범사에 기한이 있고 천하만사가 다 때가 있나니 날 때가 있고 죽을 때가 있으며 심을 때가 있고 심은 것을 뽑을 때가 있으며 울 때가 있고 웃을 때가 있으며 슬퍼할 때가 있고 춤출 때가 있으며 돌을 던져 버릴 때가 있고 돌을 거둘 때가 있으며 안을 때가 있고 안는 일을 멀리 할 때가 있으며 찾을 때가 있고 잃을 때가 있으며 지킬 때가 있고 버릴 때가 있으며 찢을 때가 있고 꿰맬 때가 있으며 잠잠할 때가 있고 말할 때가 있으며 사랑할 때가 있고 미워할 때가 있으며 전쟁할 때가 있고 평화할 때가 있느니라."(전 3:1~8)

인류를 구원하는 메시아가 태어나는 것도 "때가 차매 하나님이 그 아들을 보내사 여자에게서 나게 하시니라"(갈 4:4)고 했습니다.

내게는 하나님의 때를 인정하는 믿음이 필요했던 것 같습니다.

한 번 기도하고 구한 것은 받은 줄로 믿고 그것이 오기를 기다려야 합니다. 나를 사랑하셔서 자녀 삼아 주시고 내 안에 성령으로 거하시는 하나님께서 나의 간절한 소원을 다 알고 계시며 때가 되면 그것을 다 이루어 주십니다. "다 이루었다."(요 19:30)

둘째, 또 한 가지의 해결책이 있습니다. 이 해결책은 나를 위로하는 하나님의 세미한 음성과 같았습니다. 예배 시간에 김열방 목사님을 통해 주신 말씀 중에 "나는 그들과 조금 다르다"는 것입니다.

내가 왜 그들과 조금 다른지, 정확히 그 이유는 잘 모르겠지만 성경에 보면 아브라함, 모세, 다윗, 요셉도 각기 다른 인생을 살며 서로의 사명이 달랐습니다. 그렇다면 나도 다른 사람들과 조금은 다를 수도 있다는 생각이 들었습니다. 그러니 마음이 넓어졌습니다.

셋째, 가장 큰 깨달음의 해결책은 "나의 이러한 고민은 모두 티끌과 같이 작다"는 것입니다. 나는 이미 하나님의 자녀가 되었고 예수님 안에 거하며 예수님께서 "다 이루었다"고 하신 영광스러운 복음을 깨닫고 믿는 하나님의 믿음을 가졌기 때문입니다.

나는 예수님께서 나의 생수가 되시고 나의 전부가 되시고 나의 모든 것이 되신다는 믿음을 가졌기에 다른 모든 문제는 티끌과 같다고 믿게 되었습니다. 이미 내 영혼이 구원을 받았기 때문에 나는 하나님의 가장 놀라운 기적적인 은혜를 누리고 있는 것입니다.

아직까지 예수님 안에 거하지 못하고 지옥 같은 삶을 사는 영혼들이 있기에 나의 이런 고민은 정말 배부른 소리입니다. 이러한 과정을 통해 모든 것을 합력하여 선을 이루어 가시는 하나님의 은혜를 믿고 하나님께 감사를 드립니다. 분명 나는 이러한 과정을 통해 날마다 더 강해져 가고 있고 믿음이 무엇인지 배워 가고 있습니다.

"내가 너희에게 말하노니 무엇이든지 기도하고 구하는 것은 받은 줄로 믿으라. 그리하면 너희에게 그대로 되리라."(막 11:24)

당신은 마음이 조급할 때 어떻게 하는가?

당신은 마음이 조급할 때 어떻게 합니까?

나는 한 가지에 꽂히면 그것에 집착하며 조급했습니다.

마음이 조급하면 낙심되고 감사 대신 원망이 생기게 됩니다.

그때는 "다른 방법이 없다. 그냥 하나님을 신뢰하며 기다리자"고 결심하는 것이 오히려 마음에 큰 도움이 됩니다. 이사야 26장 3~4

절에 "주께서 심지가 견고한 자를 평강하고 평강하도록 지키시리니 이는 그가 주를 신뢰함이니이다. 너희는 여호와를 영원히 신뢰하라. 주 여호와는 영원한 반석이심이로다"라고 말씀했습니다.

몇 년 전에 하나님의 은혜와 기적으로 지금 살고 있는 아파트를 사서 이사했습니다. 이사 오기까지의 기다리는 과정은 많이 힘들었습니다. 그때 나의 가장 큰 소원은 큰 집으로 이사하는 거였습니다.

아이들도 자라고 있었기 때문에 각자의 방을 만들어 주고 싶었고 어떻게든 더 나은 환경으로 가기를 간절히 바라고 원했습니다.

마음은 굴뚝같았지만 환경은 쉽사리 열리지 않아 대책 없이 부동산에 가서 집을 알아봤습니다. 간절히 이사하고 싶은 마음에 '집이라도 구경해야겠어'라는 마음으로 움직였던 것입니다.

내가 처한 재정적인 형편은 잠시 뒤로 미루기로 했습니다.

몇 채의 집을 보고 한 군데 더 봤는데 그 집은 건축가가 지은 40평대의 집으로 내 마음에 쏙 들었습니다. 넓은 주방과 넓은 거실, 세탁기가 있는 자리까지 마음에 안 드는 곳이 없을 정도였습니다.

입구부터 내 눈을 사로잡은 정말 좋은 집이었습니다.

나는 그날부터 핸드폰으로 그 집 구석구석 사진 찍은 것을 보며 마음으로 씨름했습니다. 믿음이면 다 된다는 식의 발상을 하며 몇 천을 깎을 각오하고 부동산에 전화하려고 전화기를 드는 순간 갑자기 마음에 확 올라오는 단호한 생각이 있었습니다.

'그 집 네 거 아니야.'

순간 내 마음이 정리되면서 그 집에 대한 것을 내려놓았습니다.

그 후에 몇 년을 더 기다린 다음 성령님의 인도를 받아 지금 살고 있는 곳으로 이사했습니다. 그 과정을 통해 내가 배운 것은 '인내와 믿음'이었습니다. 그리고 내가 아무리 발버둥 치더라도 성령님의 인도하심의 때가 오기를 기다려야 한다는 것을 깨닫게 되었습니다.

조급한 마음으로 어떤 일을 저지르면 정확하게 성령님의 인도를 받을 수 없고 문제가 꼬이거나 커질 수 있다는 것을 배웠습니다.

내가 생각하기에 오래 걸리는 것 같아도 성령님의 인도를 받으면 더 크고 더 좋은 것으로 응답해 주십니다. 가장 정확한 때는 성령님이 인도하시는 때라는 것을 이사를 통해 체험했습니다.

어떻게 성령님의 인도를 받으면 좋을까요?

오직 예수님만 바라보아야 합니다.

오직 예수님만이 하나님이시기 때문입니다.

나는 최근 아이들의 모습을 보면서 불안한 마음이 들었습니다.

내 마음이 불안하니 아이들을 마음으로 잠깐 붙잡고 있었습니다.

불안한 마음은 천국의 속성이 아니기에 예수 이름으로 명령해서 쫓아내야 합니다. "믿는 자들에게는 이런 표적이 따르리니 곧 저희가 내 이름으로 귀신을 쫓아내며"(막 16:17)라고 했습니다.

이스라엘 백성들은 광야에서 낮에는 구름 기둥, 밤에는 불기둥으로 하나님의 임재와 영광을 보았지만 전능하신 하나님을 믿지 못했고 모든 기적을 행하신 하나님을 잊어버리고 문제가 생길 때마다 모세와 아론을 놀로 지려 하는 반역한 모습을 보였습니다.

여러 가지 사건 중에 하나를 보면, 이스라엘 백성들이 하나님과 모세를 향하여 원망하는 마음으로 하소연했습니다.

"백성이 하나님과 모세를 향하여 원망하되 어찌하여 우리를 애굽에서 인도해 내어 이 광에서 죽게 하는가? 이곳에는 먹을 것도 없고 물도 없도다. 우리 마음이 이 하찮은 음식을 싫어하노라."(민 21:5)

이 원망의 말을 하나님께서 듣고 계셨습니다.

하나님께서 이스라엘 백성들에게 불뱀을 보내 물어 죽게 했는데 그때 모세가 간절히 기도하자 하나님께서 불뱀을 만들어 장대 위에 매달고 그것을 쳐다보는 사람들은 다 살 거라고 말씀하셨습니다.

"여호와께서 모세에게 이르시되 불뱀을 만들어 장대 위에 매달아라. 물린 자마다 그것을 보면 살리라. 모세가 놋뱀을 만들어 장대 위에 다니 뱀에게 물린 자가 놋뱀을 쳐다본즉 모두 살더라."(민 21:8~9)

그 불뱀을 바라보는 자마다 죽지 않고 살게 되었습니다.

나는 이 성경 말씀을 통해 놀라운 깨달음과 믿음을 얻었습니다.

"예수님을 바라봐야 한다. 아이들의 크고 작은 모든 문제뿐만 아니라 내 인생의 모든 문제를 담당하기 위해 저주의 십자가의 매달리신 예수님을 순간마다 바라보면 된다. 그러면 죽지 않고 산다."

놋뱀처럼 십자가에 매달리신 예수님께서 내 인생의 모든 문제를 다 해결하셨기 때문입니다. 문제에서 눈을 돌려 고개를 들고 "다 이루었다"(요 19:30)고 말씀하신 예수님을 바라보면 문제가 해결되고 자연스럽게 성령님의 인도를 받게 됩니다.

그리고 조급한 마음을 버려야 합니다. 어떻게 하면 될까요?

"성령님, 나는 평안합니다. 평안합니다"라고 말하면 됩니다.

당신의 믿음의 고백을 하나님께서 분명히 들으시고 조급한 마음 대신 평안한 마음으로 모든 것을 이끌어 주실 것입니다.

"조급한 자는 궁핍함에 이를 따름이니라."(잠 21:5)

성령님은 나의 코치다

나는 평생 성령님께 배운다

당신은 새로운 것을 배우는 것이 재밌습니까?

나는 성령님께 매일 새로운 것을 배우는 것이 재밌습니다.

하루는 주방을 정리하고 있을 때 싱크대 공간을 좀 더 심플하게 정리하고 싶었습니다. 그래서 성령님께 여쭈었습니다.

"성령님, 어떻게 할까요?"

"지금 오븐을 가로에서 세로로 바꾸어라."

그래서 오븐을 세로 방향으로 돌려놓으니까 싱크대 공간이 더 넓어지고 새로운 주방 같아 보였습니다. 나는 감탄했습니다.

"와와, 성령님, 억만 번이나 감사합니다."

성령님이 잠시 후에 또 다른 말씀을 하셨습니다.

"은하야, 평생 나에게 배워라."

"네, 잘 알겠습니다."

나는 각 분야별로 배우는 것이 재밌습니다. 인테리어, 각 나라 언어 공부, 자녀 교육, 운동법, 요리, 돈 관리 방법, 건강 관리법, 책 쓰기, 강연하기 등 하나씩 배워 나가는 것이 정말 재밌습니다.

나는 내 안에 계신 성령님께 이 모든 것들을 배워 나갑니다.

어제도 배웠고 오늘도 배우고 영원토록 배울 것입니다. "예수 그리스도는 어제나 오늘이나 영원토록 동일하시니라."(히 13:8)

우리는 성령님께 무엇을 배워야 할까요?

첫째, 날마다 자신을 존중하는 자존감을 배워야 합니다.

자존심은 "너는 이런 사람이야, 내가 누군데 감히"라며 나를 내세우는 것이지만 자존감은 하나님의 은혜를 내세우는 것입니다.

"나는 그리스도 안에서 새롭게 태어났어. 예수님의 영이신 성령님이 내 안과 밖에 실제로 계셔. 성령님은 언제 어디서나 나를 한없이 사랑하고 계셔. 나는 늘 사랑받고 있어. 그 사랑을 잘 전하는 방법을 성령님께 배워서 타인의 자존감이 높아지도록 도울 거야."

사랑과 자비의 하나님, 만왕의 왕이신 성령님이 나와 함께 계십니다. 그분은 어제도 오늘도 영원토록 내 안에 살아 계십니다.

그분이 나를 가르쳐 내 마음에 떠오르는 지혜를 실천하는 것이 최고의 자존감을 갖게 합니다. 예수님이 당신에게 말씀하십니다.

"내가 진실로 진실로 너희에게 이르노니 나를 믿는 자는 내가 하는 일을 그도 할 것이요 또한 그보다 큰일도 하리니 이는 내가 아버

지께로 감이라."(요 14:12)

둘째, 성령님과 동업하며 잘되는 이웃을 보고 배워야 합니다.

나는 잘되는 사람들을 보면 이렇게 말합니다.

"와, 집을 한 채 더 사서 억만 번이나 축하드립니다."

"와, 좋은 차가 한 대 더 생겨서 축하드립니다."

"와, 열 살이나 어려 보이고 건강해서 축하드립니다."

"와, 귀한 책이 한 권 더 출간되어 억만 번이나 축하드립니다."

나는 이렇게 축하해 주고 나도 성령님께 그런 복을 달라고 기도합니다. 그리고 한 번 기도하고 구한 것은 이렇게 말합니다.

"다 받았음, 억만 번이나 감사합니다."

그러면 주님께서 내게 이렇게 응답하십니다.

"내가 너에게 이미 다 주었다. 너는 이미 많은 복을 받았다."

하나님이 주셨다고 말씀하시면 끝입니다.

당신도 잘되는 이웃을 축복하고 그들에게 배우십시오.

잘되는 이웃을 보고 그들의 말을 듣는 것도 배움의 일종입니다.

그렇다고 당장 그 사람과 똑같이 되어야 하는 것은 아닙니다.

겸손한 마음으로 하나씩 듣고 배우다 보면 발전합니다.

그 사람에게 주신 하나님의 지혜가 당신에게도 전염됩니다.

예수님은 하늘나라에 대해 이렇게 비유하셨습니다.

"하늘나라는 이와 같다. 어떤 사람이 먼 길을 떠나면서 자기 종들을 불러 재산을 맡겼다. 그는 각자의 능력에 따라 한 사람에게는 금다섯 달란트를 주고 한 사람에게는 두 달란트를 주고 또 한 사람에게는 한 달란트를 주고 떠났다. 다섯 달란트를 받은 사람은 곧 가서 그 돈을 활용하여 다섯 달란트를 더 벌었다. 두 달란트를 받은 사람도 그와 같이 하여 두 달란트를 더 벌었다."(마 25:14~17)

"그와 같이 하여 두 달란트를 더 벌었다"고 했습니다.

두 달란트 받은 사람은 다섯 달란트 받은 사람이 하는 것을 가만히 지켜보고 있다가 그대로 따라 했던 것입니다. 이것이 지혜입니다. 당신도 이 사람처럼 겸손한 마음으로 배우고 또 배우십시오.

작은 배움에서 얻는 재미가 당신의 인생을 풍요롭게 만들어 줄 것입니다. 배움은 자신과 이웃의 행복에 많은 영향을 줍니다. 모든 배움의 원천은 성령님께로부터 온다는 것을 잊지 말아야 합니다.

"지혜의 근원이신 성령님, 많이 사랑합니다."

나는 영어로 복음을 전할 수 있다

당신은 영어로 복음을 전하고 강연한다는 꿈이 있습니까?

나는 영어로 복음을 전하고 강연한다는 꿈이 있습니다. 나는 하루에 〈성령님과 교제하는 방법〉 영문 책을 한 쪽씩 필사합니다.

예전에 내가 모든 것을 하나님께로부터 공급받는다는 생각을 하지 못했을 때는 막연하게 영어 학원을 다니며 문법 공부부터 열심히 하고 뭐이를 많이 외워야 한다는 생각에 사로잡히곤 했습니다. 그러나 이제는 시대가 달라졌고 영어 습득 방법도 다양해졌습니다.

모든 언어의 주인은 성령님이십니다. 그러므로 하나님께 지혜를 구해야 합니다. 나는 하나님의 지혜 공급 없이는 언어를 배울 수 없음을 알고 언어의 근원이신 성령님께 묻고 배우기 시작했습니다.

내가 필사하는 책은 '성령님과 교제하는 방법' 영문판 〈How to date the Holy Spirit〉입니다. 지금 이 제목을 인터넷 창에 치고 검색해 보세요. 주문해서 읽어보세요. '정말 꼭 필요하고 쉽고 재밌는 책이구나. 이런 책이 나와서 정말 감사하다'라고 생각할 겁니다.

내가 이 책을 구입해 영어 공부를 위해 어떻게 활용하고 있는지 몇 가지를 소개하겠습니다.

첫째, 하루에 한 쪽 정도를 부담 없이 필사합니다.

나는 성령님을 많이 좋아합니다. 이 책에는 하나님의 영이신 성령님에 대해 많이 나옵니다. 이런 표현들이 있습니다.

"Holy Spirit, please help me."
"Holy Spirit, please lead me."
"Holy Spirit, please help me to realize the Bible deeply."

이외에도 성령님인 'Holy Spirit'이란 단어가 엄청 많이 나오기 때문에 필사하는 것이 쉽고 재밌습니다.

둘째, 필사한 것을 녹음해서 듣습니다.

내가 한 번 필사했기 때문에 익숙한 문장이어서 핸드폰 비디오를 켜고 녹음하면 쉽게 녹음이 가능합니다. 오후에는 그것을 틀어 놓고 청소도 하고 설거지도 합니다. 또한 내가 다니는 곳 어디서나 아이들이 그 비디오를 보고 듣습니다. 나는 이때 믿음의 눈으로 성령님을 보며 간절한 눈빛으로 이렇게 말씀드립니다.

"성령님, Holy Spirit, Jesus, God이란 단어가 아이들의 가슴에 콕 박히게 해주세요. 부탁합니다."

당신에게도 '성령님'이란 단어가 콕 박히기 바랍니다.

"믿음으로 말미암아 그리스도께서 너희 마음에 계시게 하시옵고 너희가 사랑 가운데서 뿌리가 박히고 터가 굳어져서."(엡 3:17)

셋째, 영어책을 홍보하며 영어에 대해 더욱 친숙해집니다.

얼마 전 지인에게 카톡을 통해 〈How to date the Holy Spirit〉을 구매하면 좋겠다는 문자를 보냈습니다. 나는 문자를 보내며 책의 앞표지와 내가 영어로 필사한 몇 줄의 사진도 함께 보냈습니다.

나는 동시에 영어 문장을 또 몇 개 익히게 되었습니다.

사실 언어는 누구나 당연히 저절로 말해야 하는 것입니다.

아기가 태어나자마자 "응애" 하며 우는 것도 말하는 셋입니다.

아이는 자라면서 가족의 언어에 노출되어 자연스럽게 자기 나라 언어로 듣고 말합니다. 영어도 많이 노출되면 자연스럽게 듣고 말하게 됩니다. 성령님은 나에게 영어를 많이 노출시키십니다. 내가 영어로 온 천하에 복음을 전할 것을 예전부터 아셨기 때문입니다.

당신도 영어로 복음을 전하고 강연하겠다는 꿈을 가지세요.

성령님이 당신을 언어의 천재로 만드십니다.

이것을 믿고 마음껏 꿈꾸기 바랍니다.

적당한 거리 두기를 정하고 실천하라

당신은 적당한 거리 두기를 일상에서 실천하고 있습니까?

나는 적당한 거리 두기를 일상에서 매일 실천하고 있습니다.

요즘 전염병 때문에 "거리 두기를 하라"고 귀에 박히도록 듣습니다. 이것은 신체의 거리 두기로 2m이상 사람과 사람 사이에 거리를 두라는 것이며 그래야 전염병에 걸릴 확률이 낮다는 것입니다.

믿음의 사람들도 거리 두기를 잘해야 합니다.

내가 하고 있는 거리 두기를 몇 가지 말씀드리겠습니다.

첫째, 하나님을 경외하는 거리 두기입니다.

이것은 하나님을 경외함 즉 '하나님을 두려워하는 마음' 입니다.

하나님을 두려워하는 사람은 오직 내 앞에 계신 성령님의 눈을 보며 그분의 음성을 듣고 삽니다. 베드로가 그렇게 살았습니다.

"베드로와 요한이 대답하여 가로되, 하나님 앞에서 너희 말 듣는 것이 하나님 말씀 듣는 것보다 옳은가 판단하라."(행 4:19)

다윗도 항상 하나님 앞에서 살았습니다. "다윗이 그를 가리켜 이르되, 내가 항상 내 앞에 계신 주를 뵈었음이여 나로 요동하지 않게 하기 위하여 그가 내 우편에 계시도다."(행 2:25)

내 안에 실제로 살아 계신 성령님, 내 앞에 생생히 살아 계신 성령님, 그분은 가장 가까이 계시지만 나는 그분을 경외합니다.

나는 그분을 두려워하며 거리를 둡니다. 가깝다고 무례하게 행동하면 안 됩니다. 항상 존중하며 예의를 잘 지켜야 합니다.

나는 이 사실을 몰랐을 때 자주 투덜댔습니다.

하나님께 "왜 기도 응답을 빨리 안 주세요?"라며 불평했습니다.

철없이 십계명을 가볍게 여기는 삶을 살았습니다.

마치 어린 자녀가 가장 가깝고 편하게 여기는 엄마한테 함부로 무례하게 대하듯 하나님을 대한 적이 많았습니다.

그러다 21세 때 김열방 목사님의 책 〈성령님과 친밀하게 교제하는 방법〉을 읽고 내 인생이 바뀌었습니다. 하루 종일 성령님과 함께 살며 그분 앞에서 믿음의 생각과 믿음의 말만 해야 한다는 것을 깨달았습니다. 그러니 자연스럽게 십계명도 지키게 되었습니다.

하나님도 나에 대해 적당한 거리 두기를 하셨습니다.

이것은 마치 부모가 자녀를 사랑하지만 자녀의 올바른 성장을 위해 시기마다 적절한 거리를 두고 대하는 것과 같았습니다. 부모가 자녀와의 적당한 거리 두기를 지킬 때 서로를 존중하게 되며 모든 것이 질서 있게 돌아가고 일상생활이 원활하게 이루어집니다.

교회에서도 하나님을 경외하듯이 주의 종을 존경하며 예의에 맞게 말하고 행동해야 합니다. 성도들도 서로 존중해야 합니다.

"모든 것을 품위 있게 하고 질서 있게 하라."(고전 14:40)

둘째, 원망과 불평, 부정적인 말을 하는 사람은 거리를 두십시오.

나는 성령님을 생활 속에 늘 모시고 삽니다. 그래서 행복합니다.

"성령님, 안녕하세요? 행복한 날입니다. 오늘도 모든 일을 저와 함께 해주세요. 아멘, 억만 번이나 감사합니다."

아침부터 잠들기 전까지 성령님과 함께하다 보니 꿈과 소원을 주시는 성령님의 음성이 많아 길 가다가도 서서 메모하게 됩니다.

"성령님, 잃은 한 영혼, 한 영혼이 서울목자교회에 나와서 하나님께 예배하게 해주세요. 아멘. 그렇게 되었음, 감사합니다."

"성령님, 크게 생각하고 크게 구하고 쉽게 얻게 해주셔서 억만 번이나 감사합니다. 감사만 기도하고 말하게 해주세요."

내 주위에도 원망 불평하는 사람들이 있었지만 나는 그들과 적당한 거리를 두고 그들을 위해 기도하며 성령님을 바라보았습니다.

"성령님, 원망과 불평하는 저 사람의 입과 혀를 다뤄 주세요. 저 사람이 감사와 행복의 말을 하게 해주셔서 감사합니다. 아멘."

받았다고 믿고 때로는 거절하며 차단하고 함께 있지 않았습니다.

그러다 어느 정도 때가 되면 하나님께서 모든 것이 협력하여 선을 이루어 주셨습니다. 거리를 두거나 함께 있지 않았다고 해서 그 사람을 미워하는 것이 아닙니다. 주님이 시키는 대로 사람을 대하는 것이 그 사람을 존중하는 것이기 때문에 그렇게 하는 것입니다.

셋째, '혈육사고'의 거리 두기를 잘 해야 합니다.

혈육사고란 '혈통과 육정과 사람의 뜻, 고향 사람'을 말합니다.

예수님은 제자들에게 "선지자가 고향에서는 높임을 받지 못한다"(요 4:44)고 하셨고 또 "선지자가 자기 고향과 자기 친척과 자기 집 외에서는 존경을 받지 못함이 없느니라"(막 6:4)고 하셨습니다.

당신은 고향과 친척과 집에서 존경받으려고 애쓰지 않습니까?

나는 결혼하고 신혼 때 남편과 행복했던 순간이 많았지만 서로 다른 의견을 맞추며 합의점을 찾는 과정에서 다투는 일이 종종 있었습니다. 그때 성령님이 내게 강하게 명령하신 것 중 하나가 "너희 집에서 일어난 다툼을 제 3자에게 알리지 마라"였습니다.

제 3자는 친정 식구들, 시댁 식구들, 친구들 등 나와 남편을 제외한 모든 사람입니다. 그때 성령님의 말씀을 듣고 지혜롭게 행동한 것이 얼마나 중요했는지 지금도 마음 깊숙이 느끼고 있습니다.

요즘 성령님은 가끔 이렇게 말씀하십니다.

"은하야, 기쁜 일은 가끔 말하지만 슬픈 일은 절대로 제 3자에게 말하지 않는 것이 너의 큰 장점이다."

사실 슬퍼 봤자 대부분 하루를 못 넘기는 일입니다. 걱정거리도 아침에 해가 뜨면 성령님께서 주신 지혜로 인해 웃으며 해결됩니다.

직계 가족들도 조금 떨어져 사는 것이 좋습니다. 서로 가까이 붙어살며 자주 만나다 보면 사소한 일도 자꾸 간섭하게 되기 때문입니다. 직계 가족 간에 적당히 거리를 두고 서로를 존중하십시오.

그러면 하나님이 백배의 복을 주실 것입니다. "현세에 있어 집과 형제와 자매와 어머니와 자식과 전토를 백배나 받되 박해를 겸하여 받고 내세에 영생을 받지 못할 자가 없느니라."(막 10:30)

영적인 눈을 뜨고 성령님을 보며 살라

당신은 성령님이 두 눈에 안 보입니까?

나도 성령님이 내 눈에 보이지 않습니다. 나는 성령님이 어떻게 생기셨는지 모릅니다. 그분은 영이시기 때문에 볼 수 없습니다.

사람은 오직 믿음의 눈으로만 성령님을 볼 수 있습니다.

하루는 지인의 부모님이 돌아가셨습니다. 그는 자기 부모님을 생각할 때마다 너무나 그리워 하염없는 눈물을 흘렸습니다. 아예 부모님이 옆에 계신 것처럼 생활했습니다. 죽은 부모님과 함께 일어나고 앉고 먹고 잠자리에 들었습니다. 그럴수록 부모님에 대한 그리움은 더해만 갔습니다. 나는 그분을 보고 정말 부모님과 사는 것 같다고 느꼈습니다. 하나님은 그런 모습을 기뻐하지 않으십니다.

다윗은 자기 아들이 죽었을 때 태도를 바꾸었습니다.

"다윗이 그의 신하들이 서로 수군거리는 것을 보고 그 아이가 죽은 줄을 다윗이 깨닫고 그의 신하들에게 묻되 '아이가 죽었느냐?' 하니 대답하되 '죽었나이다' 하는지라. 다윗이 땅에서 일어나 몸을 씻고 기름을 바르고 의복을 갈아입고 여호와의 전에 들어가서 경배하고 왕궁으로 돌아와 명령하여 음식을 그 앞에 차리게 하고 먹은지라."(삼하 12:19~20)

당신도 죽은 사람이 아닌 살아 계신 하나님을 바라보십시오.

나는 부모님이 건강하게 살아 계십니다. 그래도 나한테는 보이지 않는 성령님이 더 귀하므로 성령님이 항상 나와 함께 계신 것처럼 생활합니다. 나의 자녀들도 그렇습니다. 어느 날 셋째 아이랑 놀이터에서 미끄럼틀을 타고 있었습니다. 두 개의 미끄럼틀을 그물망으로 연결해 놓았는데 그곳을 건너가면서 아이가 말했습니다.

"엄마, 무서워."

"어, 그래? 잠깐만."

"아니, 괜찮아, 성령님이 계시잖아."

아이는 용기를 내어 걷더니 반대편 미끄럼틀까지 잘 건넜습니다.

"예수께서 이르시되 '너는 나를 본 고로 믿느냐? 보지 못하고 믿는 자들은 복 되도다' 하시니라."(요 20:29)

예수님이 십자가에 달려 돌아가시고 부활하신 후에 도마에게 나타나 하신 말씀입니다. 도마는 예수님의 손과 옆구리를 보며 말했습니다. "나의 주님이시요 나의 하나님이십니다."

주님은 분명히 말씀하셨습니다.

"보지 못하고 믿는 자들은 복 되도다."

주님을 보지 못하고 믿는 자들이 받는 복은 무엇일까요?

첫째, 성령님을 일상생활에서 보게 됩니다.

지금 나를 따라 이렇게 말해 보십시오.

"나의 죄를 사해 주기 위해 십자가에서 죽으신 예수님을 믿습니다. 이제부터는 예수의 영이신 성령님과 함께 살겠습니다."

당신은 지금 나를 통해 복음을 전해 듣고 믿었습니다.

성령님이 당신에게 새로운 숨을 허락하시고 당신 안에 가득히 들어와 계십니다. 성령님과 함께 숨 쉬고 일어나고 앉고 밥 먹고 회사에 기고 잠자십시오. 성령님과 함께 사는 것이 신을 믿는 것이며 이러한 삶은 쉽고 가볍고 신나고 행복합니다.

"이 말씀을 하시고 그들을 향하사 숨을 내쉬며 이르시되, 성령을 받으라."(요 20:22)

둘째, 하나님의 자비로움에 감사하게 됩니다.

하나님은 당신을 한없이 불쌍히 여기십니다.

하나님의 영이신 성령님은 당신 곁에 서서 자비롭게 항상 당신을 돌보십니다. 그분은 당신의 형편을 가장 잘 아시는 분입니다.

하루는 다용도실에 있는데 소꿉놀이 하던 셋째 딸이 강아지 인형을 찾으며 말했습니다.

"안녕하세요? 혹시 우리 강아지 보셨어요?"

나는 동네 아주머니로 변신해 우스운 목소리를 내며 말했습니다.

"아니요. 못 봤어요."

"으ㅎㅎㅎ, 나는 외로워요. 남편도 없고."

"남편이 어디 갔나요?"

"회사 갔어요. 멀리요."

"괜찮아요. 지금 큰 남편이신 성령님이 옆에 계시잖아요."

"근데, 여긴 너무 좁아서 성령님이 없어요."

"아뇨. 성령님은 여기에도 가득히 계세요. 걱정하지 마세요."

성령님은 당신에게 남편이 있든 없든, 단칸방에 살든 대저택에 살든 상관없이 항상 당신 옆에 계십니다. 그분은 자비의 마음이 마르지 않는 분이십니다. 당신을 한없이 자비롭게 여기십니다.

셋째, 물질의 복도 많이 누리게 됩니다.

물질이라고 흔히들 말하지만 그냥 '돈'을 말합니다.

성령님은 우리의 형편을 아시므로 지혜를 주셔서 돈을 벌게 하십니다. 성령님은 우리에게 '재물 얻을 능력'을 주셨습니다. 그러므로 사람과 동업하지 말고 성령님과 동업해야 합니다.

어떻게 하느냐고요? 쉽습니다. 이렇게 말하면 됩니다.

"성령님, 어떻게 할까요?"

그분의 말씀을 듣고 순종하면 돈 벌 능력을 나타내십니다.

"네 하나님 여호와를 기억하라. 그가 네게 재물 얻을 능력을 주셨음이라. 이같이 하심은 네 조상들에게 맹세하신 언약을 오늘과 같이 이루려 하심이니라."(신 8:18)

당신이 보이지 않는 성령님을 믿음의 눈으로 보며 존중히 모실 때 초자연적인 힘과 지혜를 얻게 될 것입니다. 작은 돈을 벌 때와

달리 큰돈을 벌 때는 초자연적인 힘과 지혜를 발휘해야 합니다.

인간의 한계와 능력을 넘어서는 초자연적 힘과 지혜는 오직 유일한 신이신 성령님만이 주실 수 있는 것입니다. 이것을 믿고 작은 일부터 큰 것까지 모두 그분과 함께 감당하기 바랍니다.

나에게 나타난 놀라운 기적

당신은 하나님의 기적이 간절합니까?

나는 순간마다 하나님의 기적을 간절히 기대합니다.

이번 주일 설교 말씀의 제목은 '아버지의 성령'이었습니다.

아버지는 누구입니까? 육체의 아버지는 나를 낳아 주신 아버지이십니다. 이보다 더 큰아버지는 누구일까요? 바로 아빠 아버지 여호와 하나님이십니다. 육체의 아버지에게 기적을 기대하는 사람은 드물 것입니다. 육체의 아버지도 결국은 우리와 같은 인생을 사는 연약한 사람이기 때문입니다. 그러나 하나님 아버지의 영이신 성령님께는 기적을 기대할 수 있습니다. 성령님은 일대일로 나의 성령님, 당신의 성령님으로 지금 여기 가득히 와 계십니다.

우리는 지금 성령 충만합니다. 할렐루야.

"니희가 아들이므로 하나님이 그 아들의 영을 우리 마음 가운데 보내사 아빠 아버지라 부르게 하셨느니라."(갈 4:6)

아버지가 되어 주신 성령님의 마음은 우리를 불쌍히 여기시는 마음입니다. 성령님이 가득히 계신 우리 안에도 불쌍히 여기는 아버지의 마음이 가득합니다. 하나님은 우리 안에 계신 성령님을 통해 기적을 베푸십니다. 나에게 나타난 기적은 이렇습니다.

첫째, 예수님이 내 안에 실제로 살아 계십니다. 이것이 내 인생에 일어난 가장 큰 뉴스이고 가장 큰 기적입니다. 예수님이 내 죄를 위해 죽으시고 부활하신 후에 승천하셨고 그 후에 내 안에 성령님으로 들어오신 것이 내 인생에 베푸신 가장 큰 기적입니다. 내게는 숨 쉬기, 아침에 일어나기, 일상생활하기, 잠자기 등 모두 성령님과 동업해야만 가능한 일이기 때문입니다. 나는 말합니다.

"성령님, 안녕하세요?"

"성령님, 함께 걸으시지요."

"성령님, 함께 책을 쓰시지요."

"성령님, 오늘 하루 저 때문에 수고 많으셨어요. 이제 잘게요."

예수님은 누굴까요? 하나님이 죄인인 우리를 불쌍히 여기셔서 아낌없이 내어 주신 그분의 외아들이십니다. 그러므로 예수님의 영이신 성령님과 함께 숨 쉬고 기뻐하며 행복한 하루를 보내는 것이 우리의 삶에 있어 가장 큰 기적입니다. 마음껏 행복하게 사십시오.

둘째, 아버지의 힘을 공급받습니다.

가정에서 아버지는 힘을 가진 존재입니다. 행동이 아닌 존재 자체만으로도 큰 힘이 됩니다. 성령님은 우리의 영적인 아버지가 되십니다. 성령님이 내 안에 나와 함께 계신 것만으로도 내게 큰 힘이 됩니다. 나에게는 성령님의 존재 자체가 기적이자 내 인생의 전부입니다. 나는 성령님 때문에 살아가고 성령님 때문에 내 안에 자비로운 마음 즉 불쌍한 마음이 가득히 생겼습니다.

예수님을 모르는 사람들이 있습니다. 또한 예수님을 알고 있긴 하지만 온전한 복음을 전해 듣지 못한 사람들이 있습니다.

가장 안타까운 경우는, 한 때 예수님을 믿었지만 어떻게 신앙생활과 일상생활이 연계되는지 모른 채 교회를 떠난 성도들입니다.

나는 이들을 불쌍히 여기시고 아낌없이 사랑해 주시는 성령님의 음성을 듣고 계속 책을 씁니다. 기적적으로 매일 책을 씁니다.

당신도 성령님의 힘을 공급받으면 못할 것이 없습니다.

"너희는 다시 무서워하는 종의 영을 받지 아니하고 양자의 영을 받았으므로 우리가 아빠 아버지라고 부르짖느니라."(롬 8:15)

셋째, 용기의 기적입니다.

흔히들 이렇게 말합니다.

"모두 Yes라고 말할 때 No라고 말할 수 있는 사람이 부러워."

나는 이렇게 말합니다.

"모두 Yes 또는 No라고 말할 때 성령님의 음성을 듣고 조용히 실천하는 사람이 진짜 용기 있고 부러운 사람이다."

내 안에 계신 성령님은 대부분 조용히 운행하시며 일을 진행하십니다. 나도 그분의 음성을 듣고 조용히 일을 진행합니다. 주변에 마구 떠벌리지 않습니다. 가만히 살펴보다 순간에 낚아채는 독수리처럼 생각해 두었던 것을 적재적소에 맞추어 지혜롭게 실천합니다.

성령님의 음성을 듣고 용기 있게 실천하며 하루하루를 성실하게 살아가는 사람이 의성건부지평생(의, 성령 충만, 건강, 부요, 지혜, 평화, 생명)의 복을 풍성히 누리며 비옥한 인생을 살게 됩니다.

나는 이 복을 실제로 누리는 삶을 살고 있습니다. 내가 받은 이 복을 당신도 받아 누리기 원하며 또한 전 세계 모든 사람들이 받아 누리기 원합니다. "너희는 온 천하에 다니며 만민에게 복음을 전파하라."(막 16:15)

스스로 감정을 조절하는 방법

당신은 정신적으로 빨리 제자리로 돌아옵니까?

나는 어떤 일을 당했을 때 정신적으로 빨리 제자리로 돌아옵니다. 얼마 전에 나는 이렇게 기도한 적이 있습니다.

"하나님, 저와 가족 모두 서로 언짢은 일이 있더라도 최대한 빨리 용수철처럼 바로 돌아와 다시 기쁘고 즐거운 마음을 갖고 대화하게 해주세요. 아멘. 그렇게 되었음. 감사합니다."

나는 부모라서 최선을 다할 뿐 아이들을 다 이해하고 다 만족시킬 수는 없습니다. 그래서 아이들의 말을 들어주고 최대한 합의점을 찾는데 중점을 둡니다. 그러나 하나님을 경외하는 데 있어 부정적인 말이나 건강을 해치는 나쁜 음식을 먹는 데는 타협점이 없습니다. 그 끝이 얼마나 무서운지 잘 알기 때문입니다.

건강은 다른 어떤 것보다도 소중한 것입니다. 육체적인 건강이 중요하고 그보다 더 중요한 것은 정신적인 건강입니다. 가족끼리 정신적으로 마찰이 생겼을 때 서로의 정신 건강을 위해 최대한 빨리 미소 정도는 보여줘야 합니다. 자존심이 미소를 허락하지 않으면 혼자 자기 방에서 감정 조절을 하고 난 후에 나오면서 미소 띤 얼굴을 보이면 됩니다. 성경은 이렇게 말씀합니다. "분을 내어도 죄를 짓지 말며 해가 지도록 분을 품지 말라."(엡 4:26)

어떻게 하면 감정 조절을 스스로 잘할 수 있을까요?

첫째, 기분 나쁜 것을 초월해야 합니다.

초월은 내가 할 수 없는 것입니다. 초월은 신적인 힘을 의지할 때 발휘할 수 있습니다. 우리 안에 계신 신은 성령님이십니다. 현재 상황을 직시하며 성령님을 바라보면 지혜가 생깁니다. 그러면 기분 나쁜 것을 초월해 '이 상황에서 해결책이 뭘까?'를 생각하며 행동하게 됩니다. 직장에서 상사와 동료와, 가정에서 부모와 자녀와, 어떠한 공동체에서도 그렇습니다. 대면하는 사람들 모두 피할 수 없다면 순간 기분 나쁜 것을 초월하는 지혜를 구하기 바랍니다.

"성령님, 어떻게 할까요? 저를 도와주세요."

성령님이 당신을 코치해 주실 것입니다.

둘째, 좋은 감정, 긍정적 표현을 평소에 연습하십시오.

거울을 보고 미소 지으며 이렇게 말하십시오.

"성령님, 저를 예쁘게 만들어 주셔서 감사합니다."

나는 내 앞에 계신 성령님을 바라보며 미소 짓기를 여러 번 연습했습니다. 그러다 보니 내 입꼬리가 자동으로 올라갔습니다.

나는 또 길을 걸으며 하늘을 보며 말합니다.

"와, 성령님. 억만 번이나 감사합니다."

당신은 하나님의 자녀이기 때문에 분명히 잘됩니다.

당신 밖에서 이끌어 주시는 성령님은 하나님의 영이시며 당신에게 초자연적인 힘을 주시는 분이십니다. 성령님은 당신으로 하여금

숨을 잘 쉬게 하시고 잘 웃게 하시고 잘 먹고 잘 싸게 하시고 잘 걷게 하시며 두루두루 잘 지내게 하십니다. 그분은 없는 것은 만들어서라도 주시며 어떻게든 당신이 잘되게 하십니다.

돈에 대해 크게 생각하게 된 비결

당신은 지칠 대로 지쳤다고 말하지 않습니까?

나는 예전에 지칠 대로 지쳤다고 생각한 적이 있습니다.

왜일까요? 꿈을 이루기 위한 비용을 구하는데 여러 날 계속 실패했기 때문입니다. 은행 직원이 내게 말했습니다.

"지금은 돈을 빌려 드릴 수 없습니다."

모바일 뱅킹도 같은 대답이 돌아왔습니다. 주변 지인들도 여건이 되지 않았습니다. 나는 내가 하고 싶은 일을 포기하고 싶지 않았습니다. 이 일이 날마다 잘되고 있고 때가 되면 반드시 하나님의 기적이 임한다는 확신이 있었기 때문입니다. 나는 성령님께 물었습니다.

"성령님, 어떻게 해야 할까요? 저는 이제 여기서 끝인가요?"

그러자 성령님께서 내 마음에 위로의 말씀을 주셨습니다.

'은하야, 끝이 아니다. 오늘 네가 구한 것은 다음에 반드시 얻게 된다. 오늘은 네가 찾은 만큼만 결제하고 다음에 또 결제해라.'

나는 성령님의 귀한 말씀을 듣고 에너지가 팡팡 솟았습니다.

예전에는 돈에 대한 내 생각이 생쥐처럼 작았습니다.

지금은 그때에 비하면 사자처럼 생각이 커졌습니다.

나는 내 손에 있는 돈의 변화보다 내 생각이 사자 같이 크게 변화된 것이 더 귀하고 감사하게 여겨집니다. 내 생각은 아주 커졌습니다. 이처럼 돈에 대한 생각을 크게 하는 힘은 과연 무엇일까요?

첫째, 성령님의 음성입니다.

성령님은 많은 경우, 내게 주변 사람을 통해 돈이나 숫자, 건물 등에 대해 접하게 하시지만 결국 중요한 건 그것을 내 생활에 어떻게 받아들이고 유지하느냐 입니다. 나는 성령님의 음성을 듣습니다.

며칠 전에 집 부근의 아시아공원을 산책하고 있는데 큰 건물이 눈에 들어왔습니다. 나는 옆에 있던 딸과 아들에게 말했습니다.

"저 건물은 천억이 넘을 거야. 만약 내가 직장 생활해서 번 돈으로 사려면 한 달에 200만 원씩 봉급을 받을 경우 절반인 100만 원씩 100년 동안 저축해도 12억 밖에 안 되니까 도저히 불가능해. 하지만 하나님이 지혜를 주시면 저런 빌딩도 쉽게 가질 수 있어. 하나님은 정말 크신 분이야. 하나님은 하루 만에 백억, 천억을 주셔."

성령님은 아이들을 코치할 때 주일에 들은 설교 말씀을 떠올려 주시곤 합니다. 하나님의 말씀은 우리의 생각을 크게 만듭니다.

둘째, 돈에 대해 겸손한 마음을 가지고 잘 관리해야 합니다.

"돈이 그리 대단한가요? 돈이 뭔데 돈 앞에서 겸손해야 하나요?"

여기서 내가 말하는 겸손이란 천 원짜리 하나를 쓰더라도 성령님께 묻고 꼭 써야 할 곳에만 쓰라는 말입니다. 돈에 대해 겸손한 사람은 작은 돈도 저축하는 습관을 가지고 있습니다. 사실 대기업을 운영하는 회장들도 처음에는 작게 시작한 경우가 많습니다.

롯데 신격호 회장도 처음에는 껌을 팔아 돈을 벌기 시작했다고 합니다. 트럼프 대통령도 꿈을 이루기 위해 수십 군데 은행을 다니며 대출을 알아보았다고 합니다. 당신도 큰 꿈을 주신 성령님께 감사하며 꼭 필요한 곳에 돈을 쓰고 큰돈을 굴리는 지혜가 필요합니다. 많은 그리스도인들이 돈에 대한 잘못된 편견을 가지고 삽니다.

꿈과 소원을 이루기 위해서는 돈이 있어야 합니다.

"돈은 모든 것을 해결해 준다."(전 10:19)

크신 성령님을 모시고 그분을 의지하며 살면 생각도 꿈도 크게 달라집니다. 이것을 믿고 크신 성령님과 동업하기 바랍니다.

인생은 꿈대로 믿음대로 다 됩니다.

내 주위에는 행복이 많다

당신은 행복에 대해 미래형으로 말합니까?

아니면 현재형으로 말합니까? 나는 "와, 억만 번이나 행복해"라며 현재형으로 행복을 말하며 삽니다. 그래서 더욱 행복합니다.

오늘 아침에 책을 읽었는데 이런 내용이 있었습니다.

〈그래도 너는 억만장자다〉에 나오는 내용입니다.

"여름이 되면 사람들은 네 잎 클로버를 얻기 위해 토끼풀을 유심히 살피며 하나라도 찾으려고 애씁니다. 네 잎 클로버의 꽃말이 '행운'이기 때문입니다. 그러나 수없이 널려 있는 세 잎 토끼풀의 꽃말이 '행복'인 것은 잘 모릅니다. 너무 많아서 별 관심이 없기 때문입니다. 우리가 인생을 대하는 태도가 이와 무엇이 다를까요?"

나도 내 안에 그리고 내 가까이에 행복이 넘치는 줄 몰랐을 때는 길거리의 웃는 사람만 보아도 부러울 때가 있었습니다.

'나는 왜 이렇게 비참할까?'

'내 인생은 왜 이렇게 진전이 없을까?'

'나도 저 사람처럼 행복했으면.'

이런 내게 하나님은 성령님이 누구신지 깨닫게 해주셨습니다.

성령님은 내가 예수를 구주로 믿는 순간부터 내 안에 이미 가득히 계셨습니다. "그 배에서 생수의 강이 흘러나리라"고 한 것입니다. 그 순간부터 모든 게 새롭고 넘치게 보였습니다.

내게 있어 가장 큰 부분이었던 신앙 문제가 해결된 것입니다.

그로 인해 아주 큰 행복이 내 마음에 가득하니 작은 문제들은 저절로 해결되는 것을 경험했습니다.

사실 많은 사람들이 세 잎 토끼풀의 행복을 까맣게 잊은 채 네 잎 클로버의 행운을 찾아 밤낮으로 뛰어다닙니다. 그러나 진짜 지혜로운 사람은 지금 내가 가진 행복을 알고 누리고 나눕니다.

내가 깨달은 행복한 삶은 무엇일까요?

첫째, 내 안에 계신 성령님으로부터 공급받는 행복의 힘이 날마다 넘친다는 것입니다. 그래서 특별한 율법적인 행위 곧 시간 채우기 기도나 40일 금식 기도를 해서 행복해지는 것을 멈추었습니다. 그런 행위와 상관없이 오직 믿음으로 말미암아 나는 늘 성령 충만합니다. 내 배에서 생수의 강이 흘러 나고 있습니다.

이제 내가 진정으로 원하는 것은 성령님과 1분 1초 눈 맞춤하며 사는 것입니다. 내 안에 가득한 성령님은 나의 모든 것이십니다.

둘째, 우리 집에 행복을 나누는 사람들이 넘친다는 것입니다.

우리 가족은 함께 노는 시간이 많습니다. 성령 안에서 함께 놀고 배우고 쉽니다. 날마다 천국입니다. 천국이 집안에 가득합니다.

셋째, 집안에 호텔 같은 럭셔리한 공간이 넘친다는 것입니다.

요즘은 전염병 때문에 좁은 집에 머물다 지친 사람들이 밖으로 여행 간다고 나다니다 전염병에 감염되는 경우가 적지 않게 생깁니다. 집안을 창고가 아닌 호텔처럼 쾌적하게 꾸며야 합니다.

우리 가족은 집안을 청결하게 관리합니다. 놀러 가고 싶으면 우리 집 옥상에 캠핑장을 꾸미고 가족이 모여 고기를 구워 먹기도 합니다. 이렇게 넓고 좋은 집을 주신 하나님께 한없이 감사드립니다.

행복은 멀리 있지 않고 가까이에 있습니다. 그것을 발견하고 감사하는 삶이 진정으로 행복한 삶입니다. 이렇게 살다 보면 성령님께서 네 잎 클로버 같은 행운도 어느 날 '펑' 하고 가져다주십니다.

이것을 믿고 날마다 이렇게 말하며 사십시오.

"와, 억만 번이나 행복합니다."

"와, 억만 번이나 감사합니다."

"와, 성령님 많이 사랑합니다."

당신은 부족함이 없습니다. 부족하다고 말하지 마십시오.

당신의 잔이 넘치고 있습니다. 이렇게 말하십시오.

"내 잔이 넘치나이다."(시 23:5)

최고의 왕자님이신 성령님

당신은 아이와 소꿉놀이를 합니까?

나는 집안에서 아이와 소꿉놀이를 자주 합니다.

나는 외출 준비 중에 아이와 함께 미용실 놀이를 하며 세수하고 머리를 묶습니다. 또 옷가게 놀이를 하며 옷을 챙겨 입습니다.

아이가 화려한 발레복처럼 생긴 튜튜 스커트를 입고 티셔츠를 입으며 내게 말했습니다.

"왕자님을 만나러 가요. 왕자님하고 결혼할 거예요."

내가 말했습니다. "그래? 가람이가 왕자님과 결혼하고 싶구나. 가람아, 우리 옆에 성령 왕자님이 여기 계셔. 성령님은 가장 멋진 왕자님이셔. 그분만 계시면 우리는 평생 호강하며 사는 거야."

아이가 말합니다. "나는 성령님이 좋아요."

우리는 외출 준비를 마치고 성령님과 함께 산책을 나갔습니다.

나는 모태 신앙인이지만 나의 큰 신랑이신 예수님을 잘 몰랐습니다. 교회에서 성령 충만을 외치며 함께 기도하고 찬양했지만 사람이 영혼과 육체를 가지고 있는지도 정확히 몰랐습니다.

그러던 중 21살 때 서울목자교회에서 예배를 드리며 김열방 목사님의 설교 말씀을 들으며 하나씩 깨달아졌습니다.

내 육체 안에 영혼이 있고 예수님을 믿는 순간 성령님이 내 안에 가득히 들어오셔서 나의 영혼을 항상 코치하고 계신다는 사실을 깨달아 알게 되었습니다. 성령님은 나의 코치이십니다.

나는 방언의 은사를 받고 성령님을 모시기만 했는데 그분은 나의 영혼과 삶 전체를 통치하셨습니다. 그분은 실제로 세상에서 가장 멋진 왕이십니다. 아이들에게 어릴 때부터 허상의 세상 왕자님이 아닌 실상의 성령 왕자님을 가르쳐야 합니다. 성령님은 왕이십니다.

아이들에게 하나님이 만왕의 왕이신 것을 어떻게 가르칠까요?

첫째, 아이들에게 천재작가들이 쓴 책을 접하게 해야 합니다

어느 날 아이가 가게놀이를 하는 것을 보았습니다. 가족 중 두 명을 불러 웃으며 놀이를 하고 있었습니다. 아이가 내게 말했습니다.

"엄마, 나랑 가게놀이 해요."

나는 성령님께 물었습니다.

"성령님, 아이의 가게놀이에 대한 생각을 좀 더 확장시켜 주고 싶어요. 도와주세요. 어떻게 하면 될까요?"

성령님은 아이가 차려놓은 가게 놀이에 책을 여러 권 놓게 해서 '가람문고'를 만들라고 하셨습니다. 우리 집은 손만 뻗으면 책이 어느 곳에나 있습니다. 그것도 천재들이 쓴 책이 많습니다.

나는 할머니 목소리를 내며 의자에 앉아 버스를 타고 가는 흉내를 내면서 놀이를 시작했습니다.

"부릉, 부릉부릉. 아유, 이 가게는 정말 좋네."

"어서 오세요. 할머니."

"응, 그래. 젊은 사장! 책을 좀 사고 싶은데 좋은 책이 있나?"

아이는 텔레비전 밑 장식장에서 책을 6권 꺼내 와서 진열해 놓고 한 권씩 펼치며 재미있게 소개하기 시작했습니다.

"이 책은 핑크색이에요. 꽃도 있고요. 저 책은 흰색이에요. 좋아요. 사세요."

"그래? 핑크색 책 하고 흰색 책 주게나. 정말 재밌겠네. 얼만가?"

"2천 원하고 3500원이요."

"응, 여기 있네. 만 원짜린데 거스름돈 줄 수 있지?"

"네, 여기요."

이렇게 놀이하다 보면 내가 쓴 책을 포함해 천재작가님들이 쓴 책의 제목과 내용을 자연스럽게 보고 읽게 됩니다. 책을 판매하는 교육도 함께 이루어집니다.

나는 지혜를 주신 성령님께 크게 말했습니다.

"와와와! 만왕의 왕이신 성령님, 억만 번이나 감사합니다."

천재작가들은 자신이 아닌 성령님을 높이는 책을 씁니다.

둘째, 아이들과 함께 찬송하며 찬송을 가르칩니다.

나는 찬송을 듣는 것도 부르는 것도 좋아합니다. 일상에서 찬송으로 하나님을 찬양하면 아이들도 저절로 듣고 부릅니다. 내가 자주 부르는 찬양입니다. 함께 가사를 읽어보실까요? "왕이신 나의 하나님, 내가 주를 높이고 영원히 주의 이름을 송축하리이다."

"호흡이 있는 자마다 여호와를 찬양할지어다. 할렐루야."(시 150:6)

셋째, 낙심하지 말고 꾸준히 가르치며 코치해야 합니다.

당신이 가르치며 코치한다고 아이들이 하루아침에 바뀌는 것은 아닙니다. 그래도 낙심하지 말고 꾸준히 가르쳐야 합니다.

당신이 애쓰며 가르치려고 하면 지칠 수 있지만 무한한 힘의 공급자이신 성령님을 의지하면 저절로 꾸준히 가르칠 수 있게 됩니다.

성령님께 이렇게 말씀드리며 도움을 구하십시오.

"성령님, 안녕하세요? 오늘도 좋은 날입니다. 성령님께서 저의 눈과 손과 발과 입술과 온몸과 의지를 통해 아이들을 코치해 주세요. 아멘, 그렇게 되었음. 감사합니다."

잠자리에서도 나는 중얼거립니다.

"성령님, 제 대신 오늘 수고 많으셨지요. 제가 잘 때도 모든 일을 해 놓으시는 성령님, 억만 번이나 감사합니다. 사랑합니다."

당신의 자녀를 부지런히 가르치며 코치하십시오.

"네 자녀에게 부지런히 가르치며 집에 앉았을 때에든지 길을 갈 때에든지 누워 있을 때에든지 일어날 때에든지 이 말씀을 강론할 것이며."(신 6:7)

디테일하게 코치하시는 성령님

당신은 디테일하게 코치 받으며 살고 있습니까?

나는 디테일하게 코치 받으며 살고 있습니다. 어느 날 두 딸이 애니메이션을 보고 있었습니다. TV 옆을 지나던 내가 말했습니다.

"와, 햇빛이 드는 채광을 진짜 잘 표현했다. 주인공도 3~6세 아이들이 자주 그리는 동그라미에 눈, 코, 입, 팔과 다리만 그린 재밌는 캐릭터네. 아이들이 잘 보겠다. 디테일에 많이 신경 썼네."

내 말을 듣고 큰 딸이 말했습니다.

"월트 디즈니잖아. 디즈니는 애니메이션의 최고 회사잖아요. 저런 부분까지 당연히 신경 써서 작업했겠죠."

"아, 그러네. 저기 디즈니사라고 쓰여 있네."

당신은 일상에서 패션 전문어로 '디테일'이라는 말을 자주 들었을 것입니다. 옷 한 벌에 대해서도 단추, 소매, 카라 부분 등을 그

옷과 잘 어우러지게 세부적으로 신경을 썼다고 말하곤 합니다. 이처럼 디테일은 '부분, 세부적'이라는 뜻을 가지고 있습니다.

우리 인생도 디테일이 잘 사는 인생입니다. 왜일까요?

최고 경영자이신 성령님께서 우리의 디테일한 부분까지 다 코치해 주시기 때문입니다. 성령님은 크신 분이므로 인생 전체를 주관하고 계시지만 때론 작은 부분까지도 디테일하게 코치해 주십니다.

어떤 부분을 코치해 주실까요?

첫째, 성령님은 우리의 외모를 디테일하게 코치하십니다.

옷 입기, 화장하기 등도 코치해 주시지만 해가 지날수록 성령님은 나의 영혼과 육체의 작은 곳까지 디테일하게 코치해 주셔서 상처 없이 행복하고 건강하게 살도록 도와주십니다.

성령님이 말씀하십니다.

"은하야, 산책하며 방언으로 기도하자."

"은하야, 손가락의 미세한 상처에도 연고를 꼭 발라라."

"외적인 것도 중요하지만 네 몸속을 건강하게 하는 것이 더 중요하단다. 더러운 음식은 먹지 말고 깨끗한 음식만 먹으렴."

성령님이 코치하시는 대로 잘 따라 하면 내 영혼이 상쾌해지고 내 얼굴은 빛이 나며 내 온 몸에도 건강미가 넘치게 됩니다.

둘째, 성령님은 우리의 마음을 디테일하게 코치하십니다.

여기서 마음은 '기분'과 같은 이미지를 지니고 있습니다.

"사람 때문에 마음 상하지 마."

"부정적인 말에 기분 상하지 마."

"음식 때문에 기분 상하지 마."

"돈 때문에 기분 상하지 마."

하루는 셋째 딸과 놀이터에 다녀오는데 60대 중반 정도의 여자분이 뒤에서 나를 툭 치며 퉁명스럽게 말했습니다.

"뒤에서 보니까 걸을 때 옷이 자꾸 엉덩이에 껴서 보기 싫어."

"네?"

나는 그제야 허리에 걸쳐 묶어 둔 얇은 외투가 걸을 때 바지 사이로 살짝 들어갔었다는 것을 알고 그분께 설명해 드렸습니다. 그런데도 그분은 그래도 보기 싫다며 두어 번 더 얘기하며 지나가셨습니다. 나는 속으로 '저 분이 왜 저러지?' 하고 생각했습니다.

순간 기분이 나빠지려고 하는데 성령님께서 말씀하셨습니다.

"기분 상해하지 마라."

"네, 성령님. 하하하하."

나는 허리에 걸친 옷을 풀어 가방 속에 넣으며 생각했습니다.

'성령님께서 얼마나 나를 코치해 주길 좋아하셨으면 지나가는 1도 모르는 여성분을 통해 내 옷매무새까지 코치하셨을까?'

나는 세심하신 성령님께 억만 번이나 감사를 드렸습니다.

당신도 성령님의 음성을 듣기 바랍니다. "내 아들아, 너는 듣고 지혜를 얻어 네 마음을 바른 길로 인도할지니라."(잠 23:19)

성령님의 코치가 없다면 살면서 아주 작은 부분에도 쉽게 마음 상하게 될 것입니다. 하지만 성령 충만한 우리는 작은 것부터 큰 것까지 성령님께 코치를 받으므로 마음 상하지 않고 행복한 삶을 살아갈 수 있습니다. 이것을 믿고 그분의 세미한 음성에 항상 귀 기울이기 바랍니다. 당신을 억만 번이나 축복합니다.

나는 지금 성령 충만하다

당신은 아이와 놀이터에 자주 갑니까?

나는 아이와 동네 놀이터에 자주 갑니다. 우리 집 앞에는 근사한 놀이터가 두 개나 있어서 둘 중 한 곳을 골라 각각 다른 환경에서 놀 수 있습니다. 그 중 한 곳은 최근에 새 단장해서 그네, 시소, 거미줄 타기, 미끄럼틀, 정글짐 놀이를 안전하게 할 수 있습니다.

오늘은 여러 가지 기구 놀이 후에 소꿉놀이도 즐겼는데 아이와 이런 대화를 했습니다. "와, 정말 맛있는 요리네요. 대단하세요. 당신에게 이렇게 좋은 요리력을 주신 성령님은 어떤 분이세요?"

여섯 살 된 셋째 딸이 대답했습니다.

"음, 성령님. 예수님이에요. 성령님은 나를 도와주세요."

"와, 성령님이 여기 계시네요."

우리는 성령님을 보며 웃었습니다. 예수님의 영이신 성령님은 우리가 예수님을 믿고 구원받을 때 이미 우리 안에 들어와 함께 살고 계십니다. 어떻게 이것을 알 수 있을까요? 하나님의 말씀을 듣고 믿음으로 알 수 있게 됩니다. 이 말씀을 읽으며 귀로 들어보십시오.

"명절 끝날 곧 큰 날에 예수께서 서서 외쳐 이르시되 '누구든지 목마르거든 내게로 와서 마시라. 나를 믿는 자는 성경에 이름과 같이 그 배에서 생수의 강이 흘러나오리라' 하시니 이는 그를 믿는 자들이 받을 성령을 가리켜 말씀하신 것이라."(요 7:37~39)

온갖 행위가 없어도 예수님을 구주로 믿기만 하면 성령님이 그 배에서 조금이 아닌 강물처럼 넘쳐흐른다고 말씀하신 것입니다.

민음의 사람들이 성령 충만을 받으면 어떤 삶이 될까요?

성령의 술에 취해 살게 됩니다.

이 말을 들으면 '성경에 포도주가 나오니 술을 말하는 거군요. 포도주는 마셔도 되겠네요'라고 생각하는 사람이 있을 수도 있습니다.

그러나 성경에서 포도주는 예수님이 십자가에서 돌아가실 때 흘리신 고통의 붉은 피를 기념하는 상징적인 의미를 갖고 있습니다.

세상 술과는 전혀 다른 개념입니다. 세상 술은 마시면 안 됩니다.

하나님은 세상 술에 대해 이렇게 말씀하셨습니다.

"포도주는 붉고 잔에서 번쩍이며 순하게 내려가나니 너는 그것을 보지도 말지어다. 그것이 마침내 뱀 같이 물것이요 독사 같이 쏠 것이며 또 네 눈에는 괴이한 것이 보일 것이요 네 마음은 구부러진 말을 할 것이며."(잠 23:31~33)

나도 성령님이 아니었다면 대학 생활 때 폼 나 보여 마셔 본 술을 아직도 마시고 있을지도 모릅니다. 술술 넘기다 독사에게 쏘이고 괴이한 것을 보고 다녔겠지요. 정말 끔찍하게 싫은 인생입니다.

지금 나는 성령의 술에 취해 살맛나는 인생을 살고 있습니다.

성령의 술에 취해 날마다 흥얼거리며 삽니다. 집에서나 밖에서 산책할 때 찬양을 들으며 중얼중얼 방언 기도를 하며 성령님을 믿음의 눈으로 보며 웃습니다. 나는 지금 성령 충만합니다. 할렐루야.

당신도 하나님이 주신 이 말씀을 듣고 믿기 바랍니다.

당신의 배에서 생수의 강이 흘러나고 있습니다.

정죄 의식이 사라졌음을 감사합니다

당신은 겨울에 난방 텐트를 써 본 적이 있습니까?

나는 겨울에 난방 텐트를 즐겨 쓰는 편입니다. 요즘 겨울이라 기온이 낮아져서 오래된 난방 텐트를 다시 꺼냈습니다. 곳곳에 묻은 먼지를 닦아내며 든 생각은 '깨끗해서 기분이 좋다' 였습니다.

그리고 곧바로 성령님이 깨달음을 주셨습니다.

'은하야, 겉에 있는 더러움은 물로 닦으면 깨끗해지지만 속사람을 병들게 하는 정죄의 못 자국은 오직 예수의 피로만 가능하다.'

나는 예전에 타인을 정죄하고 나 자신을 정죄하곤 했습니다.

부정적인 말로 사람들의 죄목병가어징죽(죄, 목마름, 병, 가난, 징계, 죽음)을 들추어냈습니다. 나 자신에게도 이렇게 말했습니다.

"나는 죄인이야."

"나는 목이 말라."

"나는 분명히 큰 병에 걸렸어."

"나는 왜 이렇게 가난한 걸까?"

"나는 어리석어."

"나는 할 수 없어."

"저 사람이 예전에 나를 함부로 대했어. 절대로 상대 안 해."

지금 생각해보면 터끌만큼도 쓸모없는 말들이었습니다.

그런 말로 나 자신을 정죄하므로 내 인생은 비참해졌습니다.

자신을 정죄하면 앞으로 나아가지 못합니다. 나는 정죄 의식에 잡혀 나 자신을 계발하지 못했습니다. 타인과도 원만한 관계를 가지지 못했습니다. 그러나 21살 때 성령님을 모시고 살면서부터 정죄 의식을 없애기 시작했습니다. 지금은 정죄 의식을 완전히 끊었습니다. 당신도 지금 당장 정죄 의식을 완전히 끊으십시오.

나에게 있던 정죄 의식은 과연 어떻게 사라졌을까요?

첫째, 성령님께 민감하고 부정적인 말에는 둔감했기 때문입니다.

나는 성령님과 시간을 많이 보냅니다. 아침에 일어나면 성령님께 인사합니다. 그리고 성령님과 함께 주일 설교 말씀을 테이프로 다시 듣습니다. 찬양을 듣습니다. 성경을 읽습니다. 책을 읽고 씁니다.

하루는 책을 쓰다가 어려운 부분 때문에 진도가 나가지 않자 성령님께서 교회에 기도하러 가자고 하셨습니다. 교회에서 30분 정도 기도하는 중에 깨달음을 얻고 돌아와 다시 책을 썼습니다.

성령님과 함께하니 책 쓰기가 너무 재밌습니다.

나는 부정적인 감정과 말에 둔감합니다. 내 인생은 성령님과 함께 시간을 보내기에 엄청 바빠 다른 사람들과의 관계로 인한 부정적인 감정과 말로 나 자신을 정죄할 틈이 없습니다.

나는 하루 종일 행복합니다.

"그러므로 이제 그리스도 예수 안에 있는 자에게는 결코 정죄함이 없나니 이는 그리스도 예수 안에 있는 생명의 성령의 법이 죄와 사망의 법에서 너를 해방하였음이라."(롬 8:1~2)

둘째, 정죄의 못 자국도 시간이 지나면 희미해지고 없어집니다.

마귀는 우리의 과거의 죄를 끄집어내서 정죄하고 다시 죄를 짓게 만들려고 못 자국을 자꾸 끄집어냅니다. 마귀는 속삭입니다.

"네가 예전에 그 사람을 엄청 미워했지?"

"네가 과거에 부모님 속 썩였지? 저 드라마와 똑같네."

"네가 과거에 어리석었지? 그래서 하나님이 징벌하신 거야."

하지만 성령님은 마귀가 틈타려고 하면 바로 내 입을 통해 쫓아내십니다. 성령님께서 순간마다 이렇게 말씀하십니다.

"은하야, 예수 이름."

"네, 성령님."

그러면 나는 예수 이름으로 명령합니다.

"예수 이름으로 명하노니 악한 영아, 나가. 다신 오지 마."

다음 날 마귀는 또 못 자국을 들추어냅니다. 나는 또 명령합니다.

"예수 이름으로 명하노니 악한 영아, 떠나가라. 다신 오지 마."

명령을 내리는 시간이 짧든 길든 결국은 내가 이깁니다.

나는 이긴 자입니다. 요한일서 4장 4절에 "자녀들아, 너희는 하나님께 속하였고 또 그들을 이기었나니 이는 너희 안에 계신 이가 세상에 있는 자보다 크심이라"고 말씀했기 때문입니다.

내게는 정죄의 못 자국이 아무 힘이 없습니다.

성령님이 계시면 우리에게 정죄는 없고 승리만 있습니다.

"그러므로 이제 그리스도 예수 안에 있는 자에게는 결코 정죄함이 없나니 이는 그리스도 예수 안에 있는 생명의 성령의 법이 죄와 사망의 법에서 너를 해방하였음이라."(롬 8:1~2)

그리스도 예수 안에서 우리가 얻은 것은 익성건부지평생(의, 성령 충만, 건강, 부요, 지혜, 생명)입니다. 예수님이 말씀하셨습니다.

"나도 너를 정죄하지 않는다."(요 8:11)

우리는 성령님 때문에 수많은 악성 댓글, 악하고 더러운 영화, 자극적인 드라마가 저절로 재미가 없어집니다. 그런 것 보는 시간이 아깝습니다. 성령님이 싫어하시는 것을 우리도 싫어하게 됩니다.

이것을 믿고 행복하고 풍요로운 삶을 살기 바랍니다.

하나님의 나라가 당신 안에 가득히 임했습니다.

당신은 억만 번이나 행복한 사람입니다.

당신을 축복합니다.

성령님, 사랑합니다

초판 1쇄 인쇄 | 2021년 5월 10일
초판 1쇄 발행 | 2021년 5월 15일

지은이 | 김열방 김사라 박미혜 이숙경 정은하

발행인 | 김사라
발행처 | 날개미디어
등록일 | 2005년 6월 9일, 제2005-44호
주소 | 서울특별시 송파구 백제고분로9길 6(잠실동, A동 3층)
전화 | 02)416-7869
메일 | wgec21@daum.net

ISBN : 978-89-91752-82-5. 03230

책값 20,000원